学习学习

快速变强
四步法

王专　著

中信出版集团 | 北京

图书在版编目（CIP）数据

学习学习：快速变强四步法 / 王专著 . -- 北京：
中信出版社，2022.10（2024.3重印）
　　ISBN 978-7-5217-4531-3

　　Ⅰ.①学… Ⅱ.①王… Ⅲ.①学习方法 Ⅳ.
①G791

中国版本图书馆 CIP 数据核字（2022）第 121968 号

学习学习——快速变强四步法
著者： 　王 专
出版发行：中信出版集团股份有限公司
　　　　（北京市朝阳区东三环北路 27 号嘉铭中心　邮编　100020）
承印者： 　河北鹏润印刷有限公司

开本：880mm×1230mm 1/32　　　印张：9.25　　字数：178 千字
版次：2022 年 10 月第 1 版　　　印次：2024 年 3 月第 7 次印刷
书号：ISBN 978-7-5217-4531-3
定价：59.00 元

目录

学习学习

事半功倍，让生命丰厚！

俞敏洪　新东方创始人

王专给我送来了他的新书《学习学习》的书稿，希望我帮他写篇序言。我工作实在太忙，把书稿放在一边，就先去干活了，要不是王专提醒我，我就把写序言这回事给忘了。

一个人做的很多事情，都是被逼出来的。如果没有内部或者外部压力，时间晃晃悠悠也就过去了，很可能一生一事无成。必须做的事情，拖得越久，压力越大。我的很多文字，都是被压出来的。我知道我必须写这篇序言了。

于是，我空出半天时间去读《学习学习》，本来只想翻阅一下，没有想到一下子读进去了，一口气从头读到尾，还画了不少重点。王专书中所说的学习方法，我边读居然就边用上了。

我一直认为自己是一个好学的人，是个学习积极分子，也总结过一些学习方法，但读了王专的书，我才发现总结学习方法也要有方法。

王专是一个身体力行的学习者。他高中和大学是如何学习的我不知道，但他来到新东方的这二十年，我亲眼见证了他从一个单纯的人，走向丰厚的人；从一个简单的老师，走向综合知识的传授者；从一个青涩的基层管理者，成长为新东方最大业务独当一面的领导人。各种新的知识、观点、观念、思考，从他的课程和工作交流中，源源不断流出。我曾经想，他的记忆力怎么那么好？能够记住那么多东西，信手拈来。这次读了他的书，才知道他有系统化的卡片知识体系，案例卡、方法卡、观点卡等，分门别类，无比清晰；才知道记卡片尽管需要一点时间，但引用起来十分方便，其实节约了大量的时间。我又想起我的阅读方法，常常不求甚解、读过就忘，等到要用的时候，回去翻找印象中的某个案例或者例句，早就石沉大海、不知踪影。

王专是新东方有名的学习者，也经常和大家分享他的学习体会。他给我留下的最深印象有两个：一是任何流行的新思想和新概念，他都可以随时应用到他的工作和管理之中，我碰到有些不懂的概念，一问他，他准能给我一个清晰的解释；二是市场上流行的任何新的学习设备，他一定都会拥有，并且熟练运用，多网连接、多屏互动，他玩得熟能生巧、得心应手。

王专现在在新东方负责中小学的产品研发和运营。此前，他和同事们一起，把新东方全国的中学业务做到了业内第一。去年教育领域变化之后，新东方几乎一夜之间没有了中小学的地面教学业务，但过去几十年的教学与研究成果沉淀了下来，可以继续研发，做成孩子们喜闻乐见的学习产品。此时的教培领域，风声鹤唳，大部分人离开去另谋出路。王专带领核心人员坚守岗位，开始了艰苦的产品研发之路。新东方原来没有直接面向消费者市场的产品经验，更加没有销售渠道，一切都得重新开始，很有点筚路蓝缕的味道。而我除了能够给团队精神上的支持，什么也给不了。王专带着团队，在自己迷茫之时，还要给团队以信心和希望，内心的焦灼真不能用语言表达，这让他本来胖胖的身躯也瘦下去了一圈，他戏称刚好减肥。

王专是一个有学习精神的人，也是一个学习有方法的人，在整个转型过程中不气馁、不放弃，带着团队夜以继日，很快找到了研发方向，并迅速进入了产品实验阶段。今天，符合大政方针的、全新的新东方中小学系列学习产品，已经呼之欲出。有些产品，已经受到了学生和家长的欢迎。我相信，假以时日，优秀的教育产品将源源不断被王专和他的团队生产出来。

新东方本身就是一个学习型企业，一直以一种开放的心态，接纳各种新的信息和知识体系，容纳各种新的管理和创新模式，在不确定的时代坚守正确的底线，用积极的姿态拥抱各种变化，在变化中学习和寻找新的机会。王专和他的团队，正是新东方这一精神的代表。他在书中提到的"知行合一""写做合一""构建体系""实践应用",都暗合了新东方不断进步的方法论。

　　不管是为了个人的成长,还是企业的发展,读一下王专这本《学习学习》,并认真做好卡片,一定会有不错的收获。更加重要的是,有了学习的方法论,你以后的学习,将会事半功倍。人生如果走进事半功倍的境地,生命必然获得更加丰厚的收益。

每一段成长，都是一段学习旅程

在这个城市里，有的时候我们缺的不是洒满角落的光，而是一场无忧无虑、酣畅淋漓的睡眠。缺的是到家的时候，时间尚早，而精力还有余额，足以支付给喜好：能安静地吃顿饭，不被叮叮作响的消息打扰；能静静地发呆，不用着急去完成什么；能开心地给父母打个电话，不用故意把委屈憋在心里。

有一种难受是：带着自己的姓氏，在一个城市里默默无名。

有一种痛苦是：想破局，但总感觉无能为力。

小的时候希望长大，羡慕大人无拘无束，有能力搞定自己的烦恼。长大后发现，烦恼怎么也变强变大了，还玩起了与时俱进？以为自己会成长为"奥特曼"，最后变成了"熬特慢"。

房价坐上了火箭，自己的事业搭的却是一辆经常掉链子的"自行车"。

工作经常"996"，领导却不给自己的工作双击"666"。

别的领导受人爱戴，自己坐上了管理者的位置，却不知道应该怎么带团队。

自己还是个孩子，怎么就有了自己的孩子？看着孩子长大，多想给他们一个更好的家。

一个个人生难题接踵而至，该如何解决，如何快速提升自身能力，以应对这些挑战？

带领你找到破局之道，正是本书的目的所在。

我生在东北农村，感谢父母，"赦免"了我许多农活，跟那时的小伙伴比，我是轻松的。当然，面对出生在城里的娃，我还可以添油加醋地吹嘘一番，讲讲儿时干农活的不易。我下地干农活多是在亲戚家，因为爸妈外出打工，把我放在亲戚家，这时我才需要到田里帮忙、掰玉米、烤烟叶、放蚕等。一天下来，直个腰都费劲，算是一段重要的人生体验。

我的父母也不喜欢干农活，尤其是我的父亲，后来父亲冒着饿肚子的风险，带着全家离开了生活很久的老家。其他人都纳闷，种了一辈子地，以后这一家人靠什么吃饭呀？后来父亲学会了开车，在当时这算是一门手艺了，就这样一家人有了新的经济来源，在城郊安顿下来。这以后才有了我上学读书，到中考还考了全市状元的故事。只可惜，高考时赶上省里第一年大综合改革，我没考太好，只考了630分左右，无缘第一志愿，此是后话。

小时候，我也好奇地问过父亲："你当时不担心吗？只会干农活,在城市里怎么生活呀?"父亲一脸不解:"不知道就学呗,原来还不会种地呢。"有的时候,人的性格就是家庭中这样一些小事塑造的。不懂就学,不会就练。没法子怎么办?就多琢磨琢磨,没什么好怕的,就像不会干活的孩子,下田里干上几回就知道怎么下手了。下功夫,多琢磨,能学会很多事,多得连自己都会惊讶。"不知道就学呗",父亲这句话时常回荡在我耳边。

上学时,要学的东西自然不少,语数英物化政史地生,科科不能落下。父母学历不高,没法子教我,家里也没有余钱请别人教。从小学五六年级开始,我已经习惯了自学,很少等别人教,想学什么,自己找书,多下一点功夫,多琢磨一点。在学习上,我自己没少折腾,总是要试不同方法,没事就瞎琢磨,消停两个月不想新办法都算时间长的了。这么做失败的次数也多,但东试试,西试试,慢慢就找到门道了。就好像在黑暗中,不断用手摸,虽然老摸错,但摸着摸着,就找到了门把手的位置,就能打开门。好比学英语,当时没什么有利的条件,只能自己琢磨门路。那时为了背单词,我还真的背过牛津字典,字典的封面都磨掉了,里面用铅笔勾画了自己要背诵的内容。后来发现,这样不灵,就开始尝试多说、多模仿,这么试着试着,我的英语水平就有了起色,到大学后,我竟然能用英语参加辩论了。

工作后,发现要学的东西并不比上学少,不同的是再没有人规定必学的科目是什么。要学什么，学不学，都由着自己，爱学不学，再也没人在耳边唠叨。我一开始加入新东方是做一名老师，要学习的是如何教课。那时几个老师搭班一起教一门课，学得快就能在和老教师搭班时"生存"下来，学生打分低，就要被淘汰。我很幸运，第一期班就在搭班老师中得分第一。后来，我开始在学校里做老师培训，从培训孩子到培训老师，又要学新东西。新东方在上万名老师中要选拔100名左右成为集团培训师，这些人就是新东方老师的老师，我在24岁有幸成为其中的一员。再后来，我被调到集团总公司，开始坐班生涯，开始学习做研发、设计课程。从台前到幕后，又是一次转变，又出现一堆新知识，依然要学习，我就去国家图书馆找书看，到网上找课听，学布鲁姆，学加涅，等等。之后，我又开始学习运营，这是全新的领域，要学习如何做定价、如何营销、如何设计指标体系。自己不得不再次走出舒适区，这个过程让人很难受，但挺过来后，收获不少。

我从2010年左右开始接触互联网，还偷摸自学python（一种编程语言），虽然现在已经早忘得一干二净了，但新事物越接触，越熟悉，之后逐渐开始尝试带团队做互联网应用和系统，把互联网融入自己管理的业务中。通过学习，我又多了一重身份：互联网产品经理。后来，我开始学习综合管理，做战略。30岁时，我成长为新东方最大业务的全国一把手。在这个过程中，我要感谢我的领导罗娉老师，一直容忍我的折腾，让我有机会不断在试错中学习。在工作中遇到愿意包容自己的上级，是自己的幸运。

再后来，行业巨变，新东方经历的事情尽人皆知，而我和我的团队又踏上了新的学习旅程，不断学习新事物，不断尝试新转型。东方甄选是内部第一个转型成功的团队，我们从他们身上也学到不少。有趣的是，在东方甄选火爆之前，我和团队跟东方甄选借直播间直播。晚上11点多，董宇辉还在，大家聊了聊，然后他带着我们在那里转，那个时候我和他应该都没能想到，不到一个月之后，他就成了抖音上最受关注的主播之一。但那个晚上有个细节我记忆深刻：晚上11点，我到董宇辉工位上找他的时候，他正在看书。

每一段成长，都是一段学习旅程。每一段爆发，都需要之前的积累。终身学习这句话当真不是空话。这个世界上其实有很多机会，但是当机会来临的时候，只有做了准备，伸手把握了，这个机会才是真正的机会。若没有准备，这些机会都是别人的。

我自己是学习的受益者，后来就有了一点奢望，希望在别人学习的时候，能够帮一点忙，尽一点力，因此就有了这本书。我想把自己实践多年的方法分享给大家，也许未必适合所有人，也有很多不足等待后续完善，包括本书的诸多文字，后续都可以再提升。但当你翻开这本书的时候，希望你能感受到我的诚意，看到一个微胖的男子，额头滴着汗，一点点把实用的东西搬到你的面前。

　　若是能帮助到大家一点点，就是你我的缘分。

　　若是能帮助某个人把握住了某次机会，这就是你我的福报。

　　人生短暂，谢谢命运，让你我在此相见。

如何通过快速变强，为人生破局？

不要总是问"凭什么"，多问问"为什么"。

有些人可能认为：遇到人生难题是因为自己能力不强，能力足够强的话，很多难题就会烟消云散。这就好像在说，人生不幸福是因为现在还不够富有，等自己富有了，就会像童话中描述的那样：从此过上幸福的生活。

可惜，事实并非如此。

能力不够强对所有人来说都是常态。

以职场发展为例，就像彼得原理说的那样，人总是慢慢被提拔到自己不能胜任的岗位上。你越想发展，现有能力越不够强。你刚觉得能力够用了，可能马上又被安排到新的岗位上。新的岗位会带来新的要求，你必须不断升级自己的能力。就好像你现在有几把超棒的钥匙，但是发展却会给你的人生添加新锁，要打开新锁，你不得不添加新钥匙，手里的旧钥匙面对新锁总是不够用的。

能力永远是不够用的，快速变强才是王道。

快速变强才能适应新变化，适应新变化才能把握新机遇。

那么，如何才能快速找到这些新钥匙？如何才能提升能力，事半功倍地快速变强呢？

知行合一：快速变强的心法

快速变强，并不是凭借着一厢情愿就能发生，而要有自己的底层心法。

这里就不得不提到一个强人：王阳明。

王阳明的强是可怕的，这是中国历史上少数能够做到立德、立功、立言三不朽的人之一。普通人做到其中一项，就够永垂不朽的了，但这个强人全都做到了。

王阳明创立了"心学"，成为心学大师，引得无数人前去求学，他的心学也跨过历史的长河流传至今。之前很火的一套书《明朝那些事儿》让更多人了解了他的事迹。而且王阳明的字也写得不错，更厉害的是，作为一个文人，他放下笔就能指挥作战，这也是少有的。平定宁王叛乱，王阳明跟开挂没什么区别，宁王在他眼里就是一个透明人。宁王在江西起兵，王阳明就广而告之：我有精兵 8 万，还有 10 万大军支援，等你来。宁王听了没敢轻举妄动，他不知道这时候其实江西兵力空虚。后来宁王又想打南京，王阳明又利用宁王多疑的特点，不断传消息给宁王：快点打南京，南京兵力少，城池空虚，肯定能轻松拿下。宁王听了，反而不敢去了，觉得王阳明在骗自己。王阳明确实在骗他，只是每次都比他多想了一层。最后，宁王完美地错过所有时机，当王阳明真的把兵力准备充足时，宁王已经没有了获胜的希望。王阳明剿匪也很厉害。别人是追着匪剿，还总不成功，损兵折将，匪患不断。王阳明一出手，直接把这些多年难以剿灭的匪徒劝降了。

王阳明的丰功伟业我们估计难以做到了，但是王阳明做事的思路我们可以学习，特别是快速掌握全新知识的能力。这种能力可以让人快速变强，如果能学到三分，可能就可以胜过 80% 的人了，对于大部分人来说，这足以支撑你实现梦想，过上相对理想的生活。

现在就要重点讲一讲他的"知行合一"理论，这个理论可以直接作为让人们快速变强的心法。

王阳明说："知之真切笃实处即是行，行之明觉精察处即是知。"知行合一，成长速度就可以大幅加快。

思考不联系实际，不扎实，不落地，不能行动，是"假思考"，这时的"知"没有做到"真切笃实"。知行不合一，就不是真"知"。

做事的时候不细心观察，不反思，不研究，就是"假做事"，这时的"行"没有做到"明觉精察"。知行不合一，就不是真"行"。

按照王阳明的说法，真的想快速变强，我们需要做到知行合一。

一是要理解知和行的配合关系：思而不做未思，做而不思未做。两者相互配合，相辅相成。

二是要理解知和行的融合关系：思中有做，做中有思，思和做融为一体，互相促进。思到扎实有用就是做，做时不断观察、不断改进就是思。

知行合一就好像你想知道梨子的味道，你必须咬一口，咬的同时还要品，品和咬要同时发生，你才能真正知道梨子的味道。这就是知行不能分家，也是知行合一的奥妙所在。

普通人进步慢，往往是因为知行分家，偏向一头。有的人觉得，想快速成长，就要学习、看书、听课、报班，听了不少，看了不少，记了不少，但是没有几件落到实处。有的人以为上了MBA（工商管理硕士）的课程自己就能做管理了，结果只会用模型套现实，到头来理论高高在上，能力低低在下。这就是错误地理解了"知"，成长速度可想而知，不会太快。

有的人反其道而行之，觉得实践出真知，不看书，不学习，不反思，不复盘，做这些都是浪费时间。有的时候人们为了避免思考，真的什么事情都愿意做，到头来只是闷头做事情，一遍遍重复做，却长进不大。这样实践是有了，但是真知不多。

这些人工作了十几年，不是有十几年的工作经验，而是一个经验用了十几年。这就是错误地理解了"行"，成长速度自然也快不了。

我们如果想快速成长，快速变强，就一定要避免进入上面两个误区。

要真的把"知行合一"落到实处，变成自己的生活方式、工作方式。唯有这样，我们才能走上快速成长的道路。

知行合一，这就是快速变强的心法。

但是有了心法，就能快速变强吗？

写做合一：心法变做法

一个少年得到了一本武功秘籍，上面写了这派武功的心法，五个字：四两拨千斤。少年如获至宝，觉得自己从此可以登上武林之巅，江湖，从此会有自己的传说。

少年每天在草屋里就琢磨这几个字，要参透这顶级心法的奥秘所在。他双腿盘坐，眼睛直勾勾地盯着这五个字，不怕蚊子叮，不怕天气冷，能不动就不动，不想浪费一点时间，参透心法，他就将飞向山巅。

日复一日，年复一年，少年的武功没有什么精进，精神倒颇有不良之状。

书中的心法，现在俨然成了他的心魔：我都得到了心法，为什么还不行？我的武功为什么还不飞升？江湖上为什么还没有我的传说？

有时我们何尝不是这样的少年？现在我们知道知行合一对于快速成长的重要性，但是如果只知道"知行合一"这四个字，其实还不算真的知道。

知道知行合一的人很多，做到的人太少。

有心法，而没有做法，心法就是假心法，当然做不到知行合一。

道理是抽象的，但生活是具体的。

我们必须想办法把抽象的道理融入具体的生活，改变才会真正发生。

如果没有办法把知行合一转变为具体的做法，知行合一就还是一个空洞的道理、一句挂在墙上的口号。"道理"必须转变为"做法"，改变才能发生。

可是知行合一中的"行"还比较容易具体化，"知"该如何操作呢？

百思不得其解之时，我突然看到一句话：写作，就是思考本身。

一语点醒梦中人。

"知"这件抽象的事情，在现实中突然有了具体的模样。这样我们就能把心法转变为实实在在的做法了。"知"在现实中更多时候都可以转变为"写"这个具体的动作。

- 写作就是思考。
- 思考时没写作，就是假思考。
- 写出的东西没逻辑，说明之前头脑里的思考就没有逻辑。

如果一个人说自己有很多年的工作经验，但是这些经验却写不出多少内容，那么这个人可能就没有什么经验。就好像很多人都声称自己对某件事情很在行，如果你让他把对这件事情独到的见解写下来，他却没有什么可写的，这说明他可能没有自己想象的那么专业。

我们的大脑经常会美化自己的思考能力，认为自己想得很透彻，考虑得很全面，思考得非常有逻辑，点子非常多。

为了避免大脑欺骗自己，你可以尝试把头脑里的想法写出来。

写作，可以让我们的思考"原形毕露"。甚至有的时候，写出来才发现我们的思考有点惨不忍睹。不要害怕，正因为这样，我们才有了修改思考的机会。当思考变成文字，我们就有机会以"第三方"的身份来进行审视，这样往往更容易发现问题所在。

在"写"的帮助下，知行合一就能转变为一个具体的做法。

我们的心法是"知行合一"，我们的做法是"写做合一"。

写思考，做事情。边写边做事，边做事边写。通过"写做合一"实现知行合一。

"写"就是我们的"知"。我们只要有所思考，就要求自己把想法写出来，写不出来就当自己没有想法。为了更好地知行合一，做事情的时候，我们必须同时写下我们的思考，这样会强迫我们在做事情的时候动脑子。

"做"就是我们的"行"。写完想法，要想办法运用这些想法。没有做，想法就只停留在脑子里。真的做到了，想法才能走进我们的生活。没有做到的想法其实还是假想法。

同时要做到写和做不分家，边写边做，边做边写，写做交替进行，这才是"写做合一"。

通过写和做的配合，知行合一这个心法就能转变为更加具体的做法：想了要写，写了要做，做时要写，写写做做，做做写写。

现在我们有了一个新的八字真言：知行合一，写做合一。

但要强调一点，这里的"写"和常规意义上的"写作"并不完全相同，只要你能把自己的思考整理成文字，这个过程就是合格的"写"。有了"写"，就是在"思考"，不需要出书，不需要写出阅读量达到"10万+"的文章，不要给自己增加这种无用的压力。

我们的目标是通过"写"来思考，你甚至都不必把你的思考写成一篇标准意义上的文章，只要你开始写，就能收获知行合一带来的益处。

不要惧怕写作，要想摆脱这个心结，这里教给你一个小技巧。

想想炒菜之前为什么总要先切菜？

想吃蒜蓉西蓝花的话，你会把西蓝花切成很多小块，然后再下锅炒，这样容易熟，西蓝花也容易入味，同时翻炒起来也简单很多。没有切菜这个动作，炒西蓝花这件事就完全不同了，一整个西蓝花在炒勺中翻滚的场面想想都觉得很夸张。其实，当我们想做任何一件所谓"大事"的时候，类似"切菜"这样的过程都是需要的，背后的思路就是化整为零。

我们可以用类似的思路来解决"写作"方面的困难。把写"文章"变成写"卡片"，这就是卡片思考法。

不需要写一本书，也不需要写 2000 字的长文，每次只需书写一张简单精练的卡片。一张卡片上写两三百字已经算很长了，几十字也可以，精练的话哪怕只有一句也足够。

就好像你不是在写 2000 字的博客文章，而是在发 140 字的微博。一段微博文字就特别像一张卡片。

每写一张卡片，就是完成了一次"闪电思考"。写几十个字就能开启一次思考的旅程。

运用好卡片，写作更容易发生，思考也更容易发生。

要改变自己，不需要一本书，一张简单的卡片就可以让"知行合一，写做合一"运转起来。

学习学习

搭建你的知行合一成长体系

当我们开始通过写卡片来思考，"写做合一"之旅就开始了。

当然，小技巧并不一定能支持整个人生的改造，要改变人生，我们需要一个完整的体系。如果人生是一台电脑，我们不能只打打补丁，有的时候可能要换一个操作系统。但是如何利用"卡片"建立一个快速成长体系？这将是一个全新的挑战。我们该如何办？

首先我们要知道，一个人要全面、快速地成长，需要在很多方面下功夫，我根据自己的情况总结了一下，大概有五个方面：阅读、写作、知识管理、学习成长、工作与生活。单独完成其中一种改变都不容易，如果想同时达成这五个目标，难度可想而知。我们每天的时间是有限的，还要忙忙碌碌地做一大堆事，怎么可能还有时间同时完成这五件事呢？

曾经有一段时间我非常苦恼，思考陷入了困局。后来，我想了一个小办法：尝试用待办事项管理软件做时间管理。那段时间尝试了非常多软件，付费的、免费的，简洁的、复杂的，只要能尝试的，我来者不拒。一开始有一些效果，松散的一天开始被排满，看着列表上的任务被一项项消除，内心终于有了*一丝丝成就感*。

坚持下去，曙光就在前方。

我可以的！

我不断暗示自己，鼓励自己，希望自己不要半途而废。

然而……

我很快被打脸了。

清晨，我开开心心地把日程安排妥当，接下来迎接我的不是一切按计划进行，而是一天中经常会被沮丧中伤。一会儿来个人找我说件重要的事情，一会儿领导指派我去做一项紧急工作，原定的事项要不断调整或改期。

订计划，改计划，改完计划，再改计划。每天我有自己的安排，但老天对我另有安排。

后来我找到一些方法来处理这些问题，每天的安排也开始慢慢走上正轨，但是一段时间后，我发现了更严重的问题：即使每天安排得很好，每项工作处理妥当，没什么人打扰我，我的成长速度也没有真正加快。

我被忙碌的自己欺骗了。忙碌带来的满足感，阻止了我真正去思考。我在处理大量的事，还误以为自己在做大事。

是时候重新研究一下策略了。

直到有一天我问了自己一个重要的问题：这是五件事，还是一件事？

我突然找到真正的症结所在了。一直以来我都把这五件事当成互相独立的五件事对待，因此，我就需要充足的时间储备，超过我"支付"能力的时间储备。这个矛盾不解决，只是用软件把自己每天的日程排满并不能解决核心问题。如果大胆地做一个设想，把五件事情融合为一件事情，可能即使没有巧妙的安排，我的时间也会变得相对充裕起来。这不是因为我排布时间的能力变强了，而是因为我做的事情变少了。

提升效率的关键并不是快速做更多的事情，而是一开始就让自己做相对较少的事情。

我要想办法把这五件事融为一件事，那我应该怎么做呢？我感觉自己离答案已经很近了，但是眼前还有一团迷雾，让我看不清前方。

正当我沮丧万分的时候，我看到了一本书，叫《集装箱改变世界》。正是这本看起来毫无关系的书，帮我解开了谜团。

小小的集装箱，居然可以对全世界的海运产生如此深远的影响。而这个创意，看起来如此之小，就是一个箱子，似乎不值一提。在集装箱出现之前，海运跟今天完全不是一种景象。那时候，货船到达港口，首先要把货物从船上一件一件搬下来。这些货物规格不同，大小不同，形状不同，人们就要想不同的办法搬运这些货物。搬下来之后，人们还要思考如何在码头上存放货物，耗费大量的时间。

接下来，人们还要把新的货物一件件搬上船，这些货物还是大小不一、形状各异。为了最大程度利用船上空间，人们就要临时再想很多办法。更可怕的是，每艘船内部的空间大小和形状也不一致，这就导致货物的搬运和摆放变成了一个超级动态的复杂问题。

一上一下，时间耗费巨大，人力耗费巨大，物力耗费巨大，精力耗费巨大。

在传统搬运模式下，每件货物都可视为单独的一件事，5000件货物就是5000个要解决的问题。我们要同时处理这么多事情，自然要耗费很多时间。

但是集装箱的出现改变了这个局面。

复杂的局面在集装箱出现后变得简单了，在货船到达港口之前，人们要做的事情就是把货物放进集装箱，每个集装箱的规格是统一的，人们在搬运中就能总结经验，为以后的优化打下基础。当货船到达港口后，人们只需要把这些规格统一的集装箱搬上货船即可。搬运万千规格不同的货物变成了搬运规格统一的集装箱。因为集装箱的规格是统一的，货船的空间也有了统一设计思路：让集装箱的存放量最大化，同时降低集装箱运上运下的难度。

上千件事情，变成了一件事。

装满集装箱的货船到达目的地之后，卸货也变得非常简单，只需要把这些集装箱从船上运下来即可，然后在码头上可以非常方便地码放这些集装箱，码头上的货物存储也变得非常简单。

复杂的海运工作被简化为：把货物装进集装箱，搬运集装箱到船上，货船运送集装箱到下一个港口，从货船上搬下集装箱，把集装箱放置到新码头上。

这个简单的升级，让整体工作效率产生了飞跃。

1956 年以前，美国一艘中型货轮的装卸费用大约为每吨 5.83 美元。第一次使用集装箱装卸以后，每吨的装卸费用降到了 15.8 美分。这还只是第一次使用的效果。

这就是小小的集装箱带来的海运革命，它促进了全球化的诞生。

以至于《经济学人》杂志说："没有集装箱，就没有全球化。"

不仅如此，随着集装箱的出现，整个海运工作流程都可以被改造，而且还可以制作非常多的机械与集装箱进行配合，集装箱的使用不但促进了效率的提升，还改变了整个海运的工作流程。

受到集装箱历史的启发，我在想"卡片"这个形态是不是可以被进一步挖掘出更深层次的用法。如果把"卡片"类比为海运中的集装箱，读书和学习时应该把得到的灵感都装进一张张卡片里。接下来，我们要做的就是"搬运、储藏和分类"这些卡片，我的电脑就好像一个堆满集装箱的港口。集装箱改变了海运工作的流程，那卡片会不会改变我的学习与成长流程？

我感觉我已经开始接近自己想要的答案。

在经过几年的实践和修订之后，我终于构建了自己的"知行合一成长体系"，将阅读、写作、知识管理、学习成长、工作与生活这几件事情融为一体，同时整个体系通过"写做合一"完成了

"知行合一"的落地，而卡片就是串起整个流程的"集装箱"。

我希望"知行合一成长体系"也能在未来助你快速成长。

整个体系如图 0-1 所示：

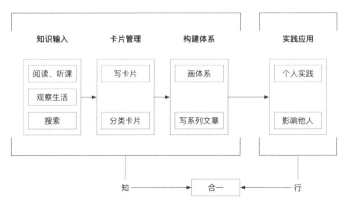

图 0-1　知行合一成长体系

整个"知行合一成长体系"分为四个大的模块，分别是知识输入、卡片管理、构建体系和实践应用。知识输入、卡片管理、构建体系三个模块层层递进，帮助我们完成"知"的升级。在这三个环节中，"写"是核心动作，通过"写"不同的内容落实不同层级的思考，逐步从浅层思考过渡到深层思考。实践应用模块要求我们完成"知行合一"四个字中的"行"。在这个环节，"做"是核心。一种是自己做到，实践到位；另外一种是通过"做"影响他人，进一步扩大学习成果的影响力。四个模块相辅相成，实现知行合一。

下面介绍四大模块的基本作用。

模块 1

知识输入：借力而行，站在巨人肩膀上思考问题

这个模块主要完成各类高质量知识的获取。每做一件事，就要同时启动知识输入，让自己能站在巨人的肩膀上思考问题，而不是从无到有，所有事情都自己想。人类的知识共享给我们提供了一个特别好的平台，不利用实在可惜。

想成长，先输入。输入能让我们借力而行。

在知识输入里，阅读与听课、观察生活和搜索是三种重要的渠道，我们要学会挑选合适的渠道来获取知识。同时，不同渠道能获得的知识是不同的，阅读与听课能让我们看到其他人的成熟总结，观察生活能让我们看到真实鲜活的案例，搜索能让我们借力整个互联网上的信息。三者并用，我们的信息获取渠道就能更加完善；而高质原则、多样原则、速读方法和主题式学习是四个重要的输入策略。高质原则要求我们尽量获取质量较高的知识，减少糟粕内容对我们的影响。多样原则要求我们获取的信息不能过于单一重复，对于同一件事，我们要多看看不同人的想法、不同角度的思路。速读方法要求我们能进一步提高自己的阅读速度，利用速读能更好地筛选信息，略过次要信息，让我们把更多的时间留给重要的信息和知识。主题式学习要求我们围绕一个主题学习不同内容，这样可以在短时

间内形成对一个主题的集中突破，让我们的知识输入更加深入。三个渠道加上四个策略，相辅相成，让知识输入变得更加高效。

一旦我们需要提升某一方面的能力，我们就要先完成知识输入。

没有菜，做不了宴席，做饭要先买菜。道理就是这么简单。

模块 2

卡片管理：用卡片完成初级思考

输入阶段获得的知识如果不管理，很容易遗忘，未来查找起来也会比较麻烦。在"卡片管理"这个模块，我们将通过"卡片"这个工具完成知识管理的升级。首先要把输入时获得的思考封装到卡片里，接下来要对这些卡片进行分类。简而言之，这个模块里包含两个核心动作：写卡片和分类卡片。

管理这些卡片，就是管理自己的思考。

管理好这些卡片，我们的知识管理水平就能大幅提升。

把学到的内容写成卡片，用卡片把思考一滴滴积攒起来。读一本书之后，不再记录一篇长长的读书笔记，而是整理出几十张卡片。这样我们的学习习惯就会发生改变。

在此基础上，要对卡片重新分类，卡片分类就是思考的二次加工。

将四处得来的卡片按主题进行分类，把相同主题的卡片放到同一个文件夹中。这样打开一个文件夹，就能看到不同人对同一件事的各种想法。对于一件事，我们的思考会变得全面，而不是被某个人带偏。

图0-2展示的是我在"诚信"文件夹里汇总的卡片，有了这个文件夹，对于诚信我就有机会进行更深入的思考，而且这种思考还做到了"借力而行"。

> ◆ 个人知识管理 〉 ▤ Inbox 〉 ▦ 3.精品卡片 〉 ▌ 个人成长 〉 ▌ 诚信

- ☐ 案例卡：伍子胥如何逃脱
- ☐ 案例卡：学生作弊，老师考其作答一致性
- ☐ 观点卡：不敢向别人展现真实的自己，其实是自己不接纳自己
- ☐ 观点卡：不说内心反对的话
- ☐ 观点卡：诚信不是单独对别人的，更重要的是对自己的诚信
- ☐ 观点卡：道德准则4种——金律、银律、铜律、铁律
- ☐ 观点卡：对方知道背叛你的代价才有可能不背叛
- ☐ 观点卡：该说"不"的时候说"不"
- ☐ 观点卡：敢于承受当下的真相
- ☐ 观点卡：谎言需要更多谎言，导致事态恶化
- ☐ 观点卡：接受不舒服的真相，接受改变的付出
- ☐ 观点卡：今日说定之话，明日勿因小利害而变
- ☐ 观点卡：人用语言来操纵世界
- ☐ 观点卡：说真话，至少别说谎
- ☐ 观点卡：说真话能创造宜居的环境
- ☐ 观点卡：我们看不到真相，只有片面的视角，只不过有些视角更好
- ☐ 观点卡：一个人若以失去自我为代价赢得了世界，又有什么益处呢？
- ☐ 观点卡：有关人格的志向比追求地位的志向更好
- ☐ 观点卡：有效的策略是"一报还一报"
- ☐ 观点卡：重复博弈和单次博弈
- ☐ 观点卡：最怕选择性失明和谎言

图0-2 "诚信"文件夹卡片汇总

模块 3

构建体系：进行体系化的深度思考

在第二个模块里，利用卡片我们完成了初级思考，但是要想改变人生，我们的思考要更深入，这样才能完成所谓的认知升级。那么该如何做呢？

就像前面讲的：写作就是思考本身。在"构建体系"阶段，我们依然需要"写"，但是这里的写作和之前的卡片写作不同，更强调"体系"这两个字。

卡片是天上的一颗颗星，构建体系是把它们串联成星空。

经历过第一、第二两个模块，围绕一个主题我们积攒了大量的卡片，现在我们就可以在这些卡片的基础上构建个人的知识体系。

"构建体系"模块有两个核心动作：一个是"画体系"，另外一个是"写系列文章"。做到这两点，我们对所学知识就完成了"深度思考"。

画体系就是利用思维导图、流程图把分散的卡片整理成体系。思维导图和流程图是两种不同的体系图，作用也不一样，具体区别在本书后面章节会详细阐述。在思维导图和流程图的帮助下，散落一地的知识各自归位，认知框架顺势搭建起来。画体系是深度思考的重要步骤，单点的知识被串联在一起，我们的思考就变得更有逻辑，更有章法。能画出体系图，我们的认知就完成了一次升级。想一想关于时间管理，你能画出什么样的体系呢？画不出来，说明认知还不完善，深度还不够。

只有体系图，思考深度还不够，接下来我们要结合之前整理的体系，写出系列文章，深入探讨某一个主题，系列文章就是我们的系列思考。

这些系列文章就是我们关于某个主题的完整认知。系列文章写得越有逻辑，越有体系，内容越有深度，就代表我们对于这个主题的认知越有逻辑，越有体系，越有深度。想要建立更有体系的思考，就要能写出更有体系的文章。写不出有体系的文章，思考就没有体系。

在书写系列文章的同时，我们还要关注自己的观点是否足够有力，表达是否足够清晰，有力的观点配上清晰的表达威力更大，也会为后面的"实践应用"铺平道路。

用这样的方式，我们更容易检查自己的深度思考水平。

通过系列文章，"散装知识"变成"套装知识"，知识的价值更大，同时还完成了知识的内化。

画出知识体系，让我们的思考变得不再散乱，不再碎片化。

写出系列文章，让我们的思考变得更有逻辑，更严谨，更有深度。

"画体系＋写系列文章"这两个动作可以帮助我们完成"深度思考"。

如果这个步骤做得好，哪怕你之前的很多学习都是所谓的碎片化学习也没有关系，通过系列文章的书写，这些碎片就变成了大拼图中的一个个要素。它们不再散落一地，而是成了体系中的一环。所以我个人并不惧怕碎片化学习，只要学习，我就整理卡片，我不在乎知识是碎片还是成体系的，只要我能整理出有效的卡片就行。当卡片积累得足够多，我就会开始画体系图、写系列文章，个人的知识体系就开始产生，碎片就不再是碎片。

没有什么碎片化学习，就看你能不能建立体系。

模块 4
实践应用：利用所学改变人生

在前三个模块中，我们写了很多内容，有的是卡片，有的是文章，但是"写"还不是我们的目的，"应用"才是。

有了"实践应用"，我们才能真正改变人生。

通常实践应用有两个方向，一个是自己去实践，另外一个是去影响他人。

个人实践：这个时候的个人实践已经是升级版本，如果我们已经就某一主题整理了体系图和系列文章，那么我们的实践就可以升级了。我们不再做一点摸索一点，我们现在已经有了更全面的认识，只要真正去践行之前整理的内容，往往就比周围的很多人都要做得更好。

影响他人：工作与生活中，我们不只要面对自己，还要面对他人。如果我们开始给他人做分享，甚至影响到别人，那么我们的影响力就开始扩大。影响自己是一种应用，影响别人是另外一种应用。在职场上能影响他人，你就能成长为一个更优秀的管理者。在家庭中，你能积极影响自己的孩子，你就是好父母。能影响的人越多，你的个人价值越大。

在第四个模块要不断思考个人如何实践，如何更好地影响他人。做到这两点，我们的个人才能和价值就能不断放大，成长就能持续发生。

但这里要强调一点，为了达到知行合一的效果，这四个模块在实际应用中要进行更多的融合，也就是说：只有实现四个模块联动使用，才是真正的知行合一。

当我们要快速提升自己的某一能力时，四个模块都要启动，这样才能相互促进，构成一个完整的知行合一成长循环。零散地使用四大模块中的一些方法能提升一点，但改进程度远没有四个模块都做到明显。只有四个模块同时运转起来，相互配合好，才能发挥最大功效。四大模块的运用并不是严格的线性流程，很多环节都会交叉并行，互相影响。

假定现在要提升个人的时间管理能力，我们不能指望看一两本书就实现能力飞跃式提升。首先要进行"时间管理"方向的主题式学习，完成高效的知识输入，根据知识输入模块的要求完成相关的学习；然后，在"知识输入"的过程中还要不断写卡片，并对这些卡片进行分类整理。"知识输入"和"卡片管理"这两个过程可以同步进行，不需要等"知识输入"全部结束才开始进行"卡片管理"。当把卡片分类整理到一定数量，就可以启动"构建体系"这个模块的内容。翻看之前的卡片，一点点画出体系图。在这个过程中如果发现体系内容有缺失，可能会再次启动"知识输入"，及时进行内容补充。体系图完善之后，就可以在体系图和卡片的帮助下书写系列文章。文章书写结束后，我们的"时间管理"认知和以前已经有了很大的不同，非常重要的是，这个体系是我们个人的体系，而不是别人的体系。再接下来我们就可以开始进行个人实践和影响他人，启动"实践应用"这个模块，用前面所学的"认知"来改变我们的"行动"。边行动，边总结，并把总结更新到卡片、体系图或系列文章里，这样"写"和"做"交叉进行，效果更好。而且根据实际需要，还可以在整理卡片的过程中就尝试开始"实践"，边实践，边整理卡片，边画体系，边写文章。我们可以看到，这个体系并不是分步的机械操作，而是根据情况随时启动某些模块，不同模块可以平行开展、交叉影响。（见图0-3）

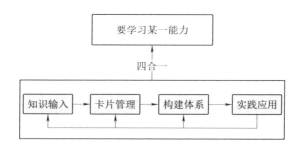

图 0-3　四个模块平行开展、交叉影响

在接下来的四章中，我们要逐一学习四大模块如何具体操作，有哪些注意事项。如果你能学会，并在人生中进行运用，改变就会发生。

第一章

借力而行：

高效率获取知识，助力成长

知识输入 ▶　卡片管理 ▶　构建体系 ▶　实践应用 ▶

本章我们主要学习四大模块中的第一个模块"知识输入"，通过阅读与听课、观察生活和搜索三种方式来改善我们知识输入的速度、深度和广度。

好多人了解了"写做合一"的做法后，感觉又找到了写作的动力。急急忙忙打开电脑，将椅子挪到舒适的距离，缓缓抬起双手，准备开启一段噼里啪啦打字的旅程，然后……是一段长长的宁静。不要说写卡片了，想敲出第一行字都比较困难。遇到这种情况，不要急，也不用马上否定自己的写作能力，梳理清楚原因就好办了。

这种情况其实就是传说中的"巧妇难为无米之炊"。

没去菜市场买菜，厨子怎么能施展身手呢？写文章也如此，没有积累好素材，临时想文如泉涌确实是难事。想把文章写好，"有感而发"很重要。看见一段文字，听见一段话，或者目睹一件事，感想就会冒出来，有了感想再去码字就容易多了。

人的思考也跟写作类似，不能指望自己什么也不看，什么也不读，什么也不学，就天天有满脑子好主意，要知道我们的脑子又不是趵突泉。

要想马儿跑，得给马吃草。

不要总是问：为什么别人总能想到好点子？其实那些点子不是纯想出来的，而是四处看、到处学的产物。人家是先比你看得多，才比你想得全面。

每次"输出"不好，就查查自己"输入"的问题。

就好像一个厨子先不着急做饭，而应该先多搜搜菜谱，看看优秀的厨师如何做饭，再去菜市场逛逛，确保冰箱里整齐地摆放好各类所需要的食材。有了满满一冰箱的食材，又学了不同菜的做法，做饭的时候才不慌张。

这也是我们为什么先讨论"知识输入"的重要原因。

常见来说有三种比较稳定的输入方式：阅读与听课、观察生活和搜索。（见图 1-1）

- 阅读与听课：包括读书、读文章、读报纸、读杂志，以及在线听课、线下听课。这种方式主要强调学习别人成熟的总结。
- 观察生活：自己主动观察生活中的案例，主动在生活中找人询问。这种方式主要强调从真实世界中获得灵感。

- 搜索：在互联网上搜索各类信息。这种方式主要强调利用好整个互联网，将互联网作为自己的输入源泉。

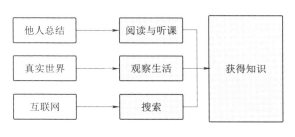

图1-1 知识输入方式

三个信息渠道侧重点不同，相辅相成，如果能够综合利用，我们输入的知识会更全面，卡片的素材也会更丰富。

现在模拟一下从阅读中获得灵感的过程，以下片段来自《亲密关系》这本书，看看你能从中得到什么灵感。

在沟通中当我们接收到他人的信息时，有两个重要的任务要完成。第一是要准确地理解对方话语所表达的意思，第二是要向对方传达关注和理解，让他知道我们对他的话是在意的。这两个任务都可以通过复述（paraphrasing）接收到的信息而完成，即用自己的话重复对方的意思，让信息的传递者有机会肯定那就是他真正想要表达的意思。人们在谈话中用到复述时，并不想当然地认为自己理解了对方的话，并马上给予答复。相反，他们会复述对方的话并向对方重复地说出，从而花些时间来检查自己的理解是否正确。这看起来会使沟通不太流畅，但它确实是个避免争吵和冲突的非常好的方法，不这样做就容易引起误解和错误。无论谈话在什么时候开始变得过热，复述都可以使之免于失控。看看下面的对话错在哪里。

妻子：（叹气）我感到很高兴，婆婆决定下周不来我们家住了。

丈夫：（发怒）我妈怎么了？你总是拿她说事，你真是个忘恩负义的贱人。

也许丈夫在冒火之前，做一点复述就能缓和关系。

妻子：（叹气）我感到很高兴，婆婆决定下周不来我们家住了。

丈夫：（发怒）你是说你不喜欢她来咱们家？

妻子：（惊奇）不，我一直欢迎婆婆来我们家。只是我的课程论文就要交了，下周我会多点时间待在家里。

丈夫：（松了口气）哦！

看完《亲密关系》这个片段，我们获得了新的知识，原来"复述"可以帮助我们改善沟通。如果不读书，这样的方法就要全部靠自己总结，那又能总结出多少呢？何苦非要这样为难自己。

为什么在输出之前，我们那么强调输入的价值？其实把输入做好，本质上是一个借力打力的过程。所谓智者当借力而行，要让自己的思考能力变强，就要想办法向别人的大脑借力。看别人写的书，听别人讲的课，本质上就是在向别人的大脑借力。自己再聪明也不可能想明白所有的事情，爱因斯坦是顶级优秀之人，但是讨论唐诗宋词他就不如你。没有谁能掌握世界上所有的知识和方法，要想变得更强，就要通过输入来借力。

世界上有太多优秀的人，他们有很多优秀的总结，要学会站在巨人的肩膀上思考问题，而不是重新发明轮子，不能要求自己想出所有的点子。

写作和思考的素材不会从天上掉下来，也不会从水里冒出来，只能靠自己的"双眼"和"双耳"去寻找。要做的事情也不复杂，每天留点时间去看看各种有价值的内容，读着读着，好东西就会与你碰面。就好像一个孩子在沙滩上走来走去，可能就在某个低头的瞬间，他就看到了一个五彩斑斓的贝壳。这些贝壳积累多了，就变成了财富。素材越积累越多，慢慢变成写作的宝藏和思考的源泉。多去看，多去听，就能让自己的素材库源源不断涌入新的内容，有了输入，你的输出就更有保障。

接下来，让我们先从搜索谈起，因为好的搜索能提升我们获取知识的速度。

速度：如何通过搜索，快速获取知识

发现"搜商"：人在原地，让信息向你涌来

以前经常听到"智商""情商"的说法，在互联网如此普及的时代，"搜商"也是一个值得关注的话题。

搜商是通过搜索获取知识和解决问题的能力。

互联网上信息繁杂，四散各处，没有搜索能力，想找到有用信息极其困难。就好像无数芝麻散落在世界的各个角落，想一粒一粒找出来，不用亲自试一遍，我们也知道这多令人崩溃。

搜索能让你在信息的汪洋大海中快速找到你要的内容，有了这个能力，信息的汪洋大海就能变成供你徜徉的后花园。有

了搜索的能力，你就好像掌握了魔法，施加"咒语"，这些"芝麻"就自动从世界各地飞回你的掌心。

人在原地，信息向你涌来。这就是搜索的魔力。

搜商不高的人经常说的一句话就是：那也没人告诉我呀。

都是成年人，谁有时间照顾谁？

等着别人告诉自己，就是真把自己当贵族了。成年人的世界里，没有衣来伸手、饭来张口。最近需要学习一些书，不要等着别人来推荐，不要等着别人告诉你需要读什么，要自己打开浏览器去搜索。不会做数据分析，不要等着别人来带你，要自己去搜索相关的课程和书籍，自己主动看。如果事事都需要别人来带，将来就没人愿意带你。这样的你在团队里不是加速器，而是小包袱，人们更愿意把机会留给加速器，甩掉小包袱。更何况时间一长，一个人可能从小包袱成长为大包袱，那就更会被别人甩掉了。

学习搜索是要把主动权掌握在自己手里，不用等别人教，自己主动出击。

搜商不高的人还有一个特点，总是问很多自己明明能搜到答案的问题。

因为工作的缘故，我平时经常要做一些培训，有时培训中我会介绍一些好用的软件，经常有人寒暄许久就是为了找机会问我这个软件从哪里能下载到，其实在问我的过程中，他完全有时间通过搜索找到答案。找到这些软件，我也不是靠问别人，而是靠搜索。工作中，如果我们提出的问题是能自己找到答案的，就不要去提。提太多这样的问题会让别人感觉你没有能力解决问题，连基础的事情都需要别人带，这不会给你的职场形象加分。

搜商不高的一个底层原因是缺少搜索意识。没有意识到很多知识或答案已经存在，我们只需要通过搜索找到它们，问题就会得到解决。我们要不断提醒自己：等待别人告知，或者问别人一些自己可以找到答案的问题，不如去搜索。

常规的教育没有专门教我们提升搜索能力，也没有把这个当成重要能力来培养，我们潜意识里就没有把"搜索"当成获取知识和解决问题的重要手段。

而搜商高的人遇到事情，第一反应就是去搜一搜。

在网上看到一件事情，不要立马轻信，搜一搜，查一查，看看原始出处，你就能发现更多的真相。

做一件事情总是效率不高，也想着搜一搜，看看有没有更好的解决办法，或许看似复杂的问题别人早就公布了妙招。

记住：要想提高搜商，第一步不是练习搜索，而是培养遇事先搜索的习惯。养成了这个习惯，你的搜索能力就能不断提升，因为你有更多机会在事上磨炼。

有搜索意识是一种什么感觉？

举个例子，当你读到现在，知道搜索很重要，普通人的想法就是：嗯，我知道了，搜商很重要。搜商高的人会意识到

"搜索"是一个需要搜索的关键词，他们会主动开始在互联网上搜"如何提升搜索能力"。他们不会等别人教自己，在他们心中，广袤的互联网上肯定有非常多相关的知识，找到它们，就能开始学习。有了搜索能力，自己可以随时进行学习。我们看到好多人"无师自通"，这些人往往搜商都比较高，搜索能力也比较强。他们不是真的"无师"，而是他们通过搜索把整个互联网变成了自己的师父。

学到此刻，能想到这一步，你的搜索意识才算基本合格。如果没有想到，那你就要开始额外关注自己的搜索意识。

多问问自己：这件事情我是不是可以搜一搜？

遇事，先搜一搜。

我强烈建议你多学学有关搜索的方法和工具。掌握了搜索的方法，你就有了一种神奇的能力。这样你就有本事打破自己无知的状态，遇到不会的、不懂的，通过搜索至少能做到略懂一二。你可以通过搜索让全世界各地的知识朝你而来，搜索就是你的"吸星大法"。

搜商为什么重要，因为搜商能让你调动互联网上全部网民的智慧，让全世界的智慧为自己所用，这和智商是不同的概念。智商更强调个人解决问题的能力，搜商可以让全世界为你的问题想办法。

有本事的人，通过搜索，让全世界给自己当师父。

不再被动等待别人来教，而是通过搜索让知识更快速地飞到自己的面前。

提升搜商：什么时候搜、在哪里搜、怎么搜

在输入环节，我们基本都需要利用搜索来进行信息的完善，无论是进行主题式学习，还是寻找高质量的内容，或是观察生活，我们都可以随时利用搜索补充信息。写卡片也可以通过搜索来找素材。

搜索既是一种独立的获取信息的方式，也是对其他输入方式的有力补充。

有搜索的意识是第一步，第二步就是要改进自己的搜索方法。

搜索的各种小技巧很多，但这不是我们要学习的核心内容，我们要学习的是搜索的核心方法。聚焦核心，抓住主要矛盾。

想提升搜索能力，需要在三个环节上改进。这三个环节分别是：

• 搜索的发起
• 在哪里搜索
• 怎么搜

把这三个环节做好，你的搜索就不会差，在实际生活工作中基本够用了。如果你的职业比较特殊，可以再做一些搜索方法的深度挖掘，但对于大部分人来说这些已经足够。

接下来，我们分别讨论一下三个环节如何改进。

环节 1：搜索的发起

这个环节就是在强调把你的搜索意识转变成实际的行动。光有意识还不够，你必须发起搜索的实际行动。

最重要的就是要对关键词极其敏感。关键词是发起搜索的冲锋号，一看到关键词就告诉自己：这个关键词可以发起一次搜索。

我们在阅读、听课时，经常能遇到很多新概念、新名词、新想法或者新证据，要把这些都当成重要的搜索线索。把自己想象成一个侦探，在学习中随时发现各种蛛丝马迹，一旦发现立马跟进，搜索就是你的破案神器。学习时遇到新名词，可以将它作为搜索主题进行搜索，这样能迅速提升你获取知识的能力。

要养成随读随搜的好习惯。

读书和听课时，学会记录关键词，利用关键词发起搜索。

关键词的跳转能把你的线性阅读，转变为网状学习。这个转变非常关键，让你获取信息的丰富性得到大幅度提升。大家看同样的书、听同样的课，你就能比其他人得到更多的收获。

利用关键词，你能淘到更多的金子，这就是本事。（见图 1-2）

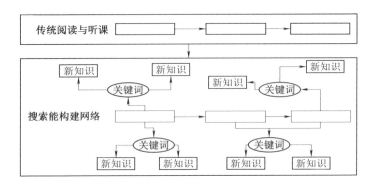

图 1-2　利用关键词搜索

以前你只能读到眼前的内容，但是现在你不但能读到眼前的内容，还可以把眼前的内容作为跳板，找到更多的内容。这种学习能让你摆脱眼前资料对你的束缚。有些搜索结果可以给资料做信息补充，有时甚至可以纠正资料中的错误。

结合搜索，不但能丰富学习内容，还能矫正所学内容。

为什么要随读随搜？

如果此时此刻我让你发起搜索，你会不知道应该在搜索栏里写什么。在阅读、听课、观察生活时，我们能获得更多的"线索"。我自己的经验就是，大部分的搜索都发生在我读书的时候。看书能发现关键词，就容易知道搜什么，而平时面对一个搜索框就可能不知道该输入什么。

比如看这本书时，你就能发现很多新的关键词，知行合一、卡片、搜商。除了阅读书中的内容，我非常建议你利用这些关键词开始搜索，丰富一下这方面的知识，很多人的观点会对书中的内容有补充，也能让你对这些话题有更深入的了解。

阅读本书时，搜索和不搜索的人，得到的收获是不同的。

利用关键词做跳转，还有四个特别的搜索提醒，发起搜索时要注意自己的搜索目标是什么。选择好的搜索目标，会让自己的搜索更有价值。

第一个，要学会故意去搜索反例。

我自己之前上课的时候就用过类似的方法，一般老师想到一个解题方法后，都喜欢去找支持这个方法的题目，这样备课速度会很快，会误以为自己找到了一个"解题大招"，上课的时候就会把这样的方法教授给学生，然后举出几个例题进行佐证。可是，我发现这样很容易出错，老师会被这些正例干扰，以为自己总结的方法真的很了不起。但实际上，自己的方法在很多时候都不适用。我自己的习惯是，一旦自己总结出好的方法，马上去找反例，就是那些证明我的方法有问题的内容或题目。这个过程看似痛苦，因为在否定自己之前的总结，但收益巨大。根据找到的反例，我总结的方法会不断完善，方法适用的范围也会逐渐扩大，我还能经常对学生讲出这个方法易错的地方是什么，学生就能感受到老师教学的严谨。因为我自己主动找出过很多反例，并对方法进行了纠正，在必要时进行了提醒，学生运用方法解题时，就不容易出错。

如果有人告诉你跑步有益健康，你不要直接轻信，主动去搜索跑步伤身体的例子，这样会让你对跑步有更全面的认知，比如除了可以强身健体，跑步还会对膝盖造成损伤，而这种损伤很多时候是不可逆的。那么接下来就应该搜索在跑步时如何保护膝盖。这些信息获取全面后，再开始跑步，一方面可以享受跑步带来的乐趣，另一方面还能保护好自己宝贵的膝盖。

　　这就是搜索反例的价值。

　　第二个，看到一些观点或者看法，要学会主动去搜索相关的证据。

　　这个习惯能帮你排除很多错误的观点。网络上的观点鱼龙混杂，很多人都喜欢危言耸听，要是没有搜索证据的习惯，你就容易被这些人带偏。

　　看看朋友圈里那些关于养生的文章吧，一会儿说这两个食材不能放在一起吃，一会儿说吃某样东西可以延年益寿，一会儿又说人们要洗肠，这样才能排毒，不然这些毒素会危及你的生命，一会儿又说我们的血液里也有毒素，要吃保健品进行血液排毒。2018年《辽沈晚报》报道，沈阳一位老人听信了"排毒"理论，花18万元买了各种有助于排毒的营养品，导致腹泻等不良症状出现，老人认为这是排毒的正常反应，拒绝到医院就医，最后查出他患有直肠癌晚期，到此时他还有价值五六万元的保健品没有吃完。

　　这些耸人听闻又没有依据的观点坑害了多少人。

我们一定要养成搜索证据的好习惯。

比如网上经常出现某某名人说了一句话，你不能因为这句话很好，就开始引用，而要搜搜这句话的出处。我们经常会发现，那个名人就没有说过这句话。要是不搜索证据，自己就会出丑，进行错误的引用。在这方面，鲁迅是最冤的，经常要说很多自己没说过的话。

我们还要养成一个习惯：不轻信没有证据支持的观点。

要么对方给我们提供证据，要么我们自己通过搜索寻找证据。

比如有人告诉你想让自己变得自信，就应该每天对镜子大喊"你是最棒的"，因为这样能慢慢改变自己的潜意识，让自己自信起来。不要因为这个方法简单易操作，就认为它是一个好方法。我们要去搜索，看看是否有足够的证据支持这个观点。在《活出最乐观的自己》这本书中，作者就说明了没有实验证明这个方法是有效的。那么，我们就不用在这个方法上浪费时间了。

第三个，看到一个观点或一个事件，要学会主动搜索更多人的看法。

"兼听则明"这四个字真的很有道理，而主动搜索更多人的看法能把"兼听则明"真正落实。这是一个行为上的改变，对我们来说非常重要。就好像你当一个团队的领导，不能总听一个人的意见，要听听不同人的意见，这对自己做决策有好处。

说起来容易，做起来难。

我们通常是在听到自己不喜欢的观点的时候，才更愿意去找其他人的意见。我们想进行反驳，于是才愿意花精力找别人的想法来支持自己。如果别人讲的内容自己特别认同，就觉得没必要去听其他人的观点了，这是非常危险的。就好像古代的皇帝如果喜欢某个宦官的观点，也不去找其他观点来进行综合分析，就容易被这个宦官蒙蔽，当这个宦官的观点特别对自己胃口的时候，这个问题会更加明显。

兼听则明，不是说听到不喜欢的观点才想着去找别人的观点，而是要求我们看到自己比较认同的观点时也要去多看看不同人的想法。

通过这样的方式，我们才能真正打开自己的视角。

不论看到什么观点，都尝试去搜索不同的意见。这将是让我们受益终身的习惯。

为了获得不同人的观点，我们不要着急发表自己的观点，也不要着急同意谁的观点，要学会等待。给其他人时间去总结不同的观点，在等待的过程中，新的观点就会慢慢浮现。比如在互联网上看到一个热点，很多人当天就进行谈论，发表很多看法，但我们不要轻信，等一等，过几天，一些不同的声音就会出来。看过不同的观点，你才能对这件事情有更深入的认知。

第四个，通过搜索寻找一手信息，摆脱二手、三手甚至四手信息。

现在互联网上的信息千奇百怪，奇怪不可怕，怕的是有些信息和知识被别人改得面目全非。如果认为这些"面目全非"是知识的"原貌"，我们就容易上当受骗。就好像看到朋友圈的照片，要知道这些照片可能是"P过的"，不是原图。我们要想了解知识的原貌，要尽量去找知识的"原图"，如果一张照片经过四五道手的修图，会和原图差距很大。一个知识经过四五个人的修改，可能早已经不是原来的知识。

畅销书作家古典曾经举过一个经典的例子，讨论的是网上风靡的"一万小时定律"。表1-1是古典讲述内容的基本概要，相较原文有一定删减。

表1-1　古典对"一万小时定律"的概述

信息来源	呈现出的知识
一手信息：知识的源头	诺贝尔经济学奖得主赫伯特·西蒙与威廉·蔡斯在1973年合作发表了关于国际象棋大师与新手的论文，论文中推测新手需要花费10年的实践成为象棋大师。 1993年，埃里克森与另外两位同事基于大量的研究，发表了一篇论文《刻意练习在获得专业表现中的作用》。
二手信息：忠实转述一手信息	2016年，埃里克森发现自己的理念被误读，出了一本书——《刻意练习》，但未说明练习时间是1万小时。他指出从事音乐学习的学生在18岁之前，花在小提琴上的训练时间平均为3420小时，而表现优异的小提琴学生平均练习了5301小时，最杰出的小提琴学生则平均练习了7401小时。

信息来源	呈现出的知识
三手信息：为传播而简化和极端化的观点陈述	格拉德威尔读了埃里克森 1993 年的论文，写出《异类》，提出一个"一万小时定律"，并未提及刻意练习概念。
四手信息：各种动机导致的充满个人经验的情绪化表达	无数公众号、人生导师、各种培训师和励志作者开始基于自己的经验解读"一万小时定律"，告诉你任何人只要努力就能成为一个领域的大师，然后推销他们自己的方式：成长之旅，一万小时诀窍、一万小时的工具和方法，以及感人的故事。

如果不加辨别，我们看到的是大量"四手信息"，所谓的"一万小时定律"已经和"刻意练习"的核心理念有出入。如果我们不主动搜索，就会被"四手信息"包围，就好像你进入了一个餐厅，周围都是垃圾食品，你吃得越多，健康状况反而变得越差。

为了身体健康，要拒绝垃圾食品；为了头脑健康，我们要拒绝垃圾知识。

"搜索"能让我们避免看到什么就相信什么。看到一些重要的观点，更需要追根溯源，避免自己在重要知识上被"P过的"知识蒙蔽了。

这里给你留一个小任务，请你通过搜索来判断：网上经常看到的"费曼学习法"跟费曼有关系吗？

环节 2：在哪里搜索

当有了搜索意识，我们就可以利用关键词经常发起搜索，接下来，要确定自己在"哪里"搜索。

不要一提到搜索就打开百度，开始输入关键词，这不是搜索的正确姿势。在这里，我们专门讨论一些这方面的升级方法。

人们常见的本能反应是：要搜索，简单呀，打开搜索引擎，比如百度，开始搜索就可以了。把搜索引擎当成搜索的唯一战场，是好多人的搜索误区。不要一搜东西，就在百度里搜。

假设你装修房子，要买家具，你会怎么办？你会去家具城，而不是去离你家很近的大超市。要是你想买药，你会选择去药店。家具城和药店跟大卖场不同，它们都是专业的、垂直的店铺。家具城里全是各式各样的家具，你找到好家具的概率要大很多；同理，去药店要比在大超市里找药效率高。

搜索也一样遵循这个规律。如果要改进自己的搜索能力，要学会在"专业垂直网站"里去搜索。在这个思路的指导下，我们就可以改进搜索策略。

用搜索引擎寻找专业网站，然后在专业网站里搜索信息。

假定你要找一些好用的软件，提升自己的工作效率，常见的一种做法就是打开搜索引擎，输入"好用软件推荐"，然后在搜索结果里寻找。

这样自然也可以找到一些内容，但是总体来说效率不高，也不容易找到很多好用的小众软件。一种简单的升级策略是开始寻找相对更专业的网站，然后在这些网站里去找好用的软件。这时，你首先应该在搜索引擎里搜"App（应用程序）推荐网站"。在阅读本书时，你可以尝试打开电脑的浏览器同步搜索一下，看看结果会是什么样子。

出现搜索结果后，点击相关的网页去看看。要留意搜索结果中是不是出现了一些垂直网站的名称。

假定在刚才的搜索结果中你看到了"某某应用"四个字，记得前文我们刚提过要有侦探一般的敏感。发现这个网站之后，不要着急把这个网站作为最后的答案，而是开始新一轮搜索，搜索"类似某某应用的网站"。

通过几次这样的搜索，很容易找到一些专业推荐 App 的垂直网站。以后多在这些垂直网站里搜索软件，找到好工具的概率更大。在这些专业网站里，对口的信息更全，更新更及时，而且往往质量也更高。

专业的事情要找专业的人来做。

当你能找到越来越多的专业网站，你就成了搜索高质信息的达人，平时要把这些专业网站的收集和整理当成一件比较重要的事情，养成习惯。

同时，建议把这些专业网站放在你的网址导航里管理好，在浏览器里做好分类和存储。做这种事情不要偷懒，好记性不如烂笔头，别给自己找理由。

我自己平时使用 Safari 浏览器比较多，所以我在这里就做了很多专业网站的汇总，方便自己使用时快速进入。

举一个专业网站应用的案例。平时很多人会关注一大堆公众号，除了个别公众号之外，大部分公众号都不属于高质信息源，在这方面浪费大量时间，我个人是不建议的。但是，这不代表我会完全忽视这部分内容，介绍一下我的做法。之前通过搜索，我找到了搜狗搜索，发现里面有针对微信公众号文章的搜索功能，我意识到我可以不用天天阅读这些公众号，而是在需要时搜索一下相关文章即可。假定我想做学习方法的主题学习，那么就可以利用"搜狗微信"（https://weixin.sogou.com）搜索"高效学习方法"，在搜索结果里能看到一些公众号的相关文章。

总体来说，我在公众号文章上花的时间很少，只偶尔在里面搜一些文章，看这些文章也不是为了精读，而是通过这些文章寻找一些"时髦的概念或名词"，帮自己找到一些"与时俱进"的关键词用于后面的搜索。

很多分享知识的网站都是寻找垂直网站的好地方，找垂直网站时不要只在搜索引擎里搜，还要在知识分享类的网站里搜。有的网站分享育儿知识，有的网站分享问题与答案，有的网站分享好物，这些网站都能帮助我们找到更多好用的垂直网站。

环节 3：怎么搜

接下来，我们优化一下具体的搜索方法。我的实际经验是不用记非常多的技巧，抓住几个核心的就足够了。

因为很多技巧使用频率太低，学的时候感觉花里胡哨，看着酷炫，现实中用不上几回。这样的技巧不太值得花费精力去学。

另外，如果技巧学习得过多，会导致自己记不住，最后也很难去应用。

学习这类技巧我都坚持二八原则，掌握 20% 的核心内容，而不是试图掌握 100% 的内容。

下文将具体介绍两个搜索的技巧。

两个小技巧，让搜索更高效：关键词、优化搜索结果

技巧 1：更好地使用关键词来进行搜索

建议搜索时尽量都用关键词，而不是完整的句子。

我们需要做的事情就是把要搜索的内容或疑问，转变成"关键词"。

假设你的电脑蓝屏了，很多人喜欢直接在百度里写"我的电脑突然蓝屏了怎么办"，其实应该进行关键词提炼，变成"电脑蓝屏"。这样会提高搜索的效率和搜索结果的质量。

如果直接搜索"我的电脑突然蓝屏了怎么办"，我们也可以搜索到一些结果，但使用关键词"电脑蓝屏"来搜索，会看到结果有些不同。要慢慢练习使用关键词搜索。

用关键词搜索能够更好地利用搜索引擎的算法，更容易找到价值比较高的结果。

使用关键词还有一个额外的好处，就是利用关键词做"组合"。通过两个或三个关键词，我们能更精准地查找信息。每个关键词之间加一个空格，比如可以搜"电脑蓝屏 工具"，这样就不单纯是在了解蓝屏这个问题，还在试图直接找到解决蓝屏问题的工具。通过这种关键词的组合使用，我们可以进一步优化搜索的效率。

假设你现在要进行照片压缩，但是电脑里没有好的工具可以使用，那应该怎么办呢？在百度里肯定可以搜索，但是我更建议你在垂直网站里进行搜索，比如你可以在知乎进行搜索，关键词为"照片压缩软件"。在垂直网站里用关键词搜索可提升搜索效率。

但在垂直网站搜索也有弊端，可能内容量不如搜索引擎里多，使用关键词搜索时，有时反馈没有相关内容。很有可能你用"照片压缩"搜索不出什么结果，这时你可以尝试用

"压缩"这个关键词来搜索。

如果在垂直网站里确实找不到，那就继续尝试在搜索引擎里用关键词进行搜索。

最后这个例子告诉我们，关键词不但可以组合使用，还可以进行变换使用，也就是针对同一件事情可以换不同的关键词来搜索。

搜照片压缩工具可以尝试"照片压缩""照片 压缩""压缩""压缩 软件""照片压缩 软件"等不同关键词。这种做法要学会，在专业垂直网站里搜索时特别需要，不然你很有可能搜不到自己想要的结果。为什么会这样？因为专业垂直网站的搜索算法可能做得不是特别好，不像专业搜索引擎那样，即使你写一个句子，专业搜索引擎也能给出答案。在垂直网站里，一件事可能要用不同关键词来搜才能有结果。

比如我们新买了 Mac（苹果电脑），想学一些使用技巧或者方法。比较低效的方式是只在百度里用句子来搜索：如何使用 Mac。

我们可以尝试在百度里使用关键词"Mac 使用技巧"来搜索，这样会高效很多。

你自己可以在搜索引擎里按照上面两个不同的搜索词来试验一下。

别忘了，还要学会在专业垂直网站里搜，例如可以在知乎里搜"Mac 必备软件"。这样换换关键词，又能发现一片新大陆。

简单总结一下，我们要学会使用关键词而不是句子来进行搜索。

- 把要搜索的信息转变为关键词。
- 可以使用两到三个关键词进行搜索，提升搜索精度。
- 学会把一件事情变成不同的关键词进行搜索。

技巧2：使用一些搜索规则来优化结果

会用关键词之后，我们还要学会巧用搜索引擎里的一些搜索规则，这些搜索规则有两种用法。

第一种用法：在关键词之间加入一些符号。

第二种用法：如果记不住这些符号，就用搜索引擎里自带的功能。

比较实用的一个规则就是通过"+"和"-"来对搜索关键词进行强制要求。"-"表示搜索结果要去掉"-"之后的内容。而"+"则表示搜索结果除了需要有"+"前面的内容，还需要有"+"后面的内容。

比如我想寻找一些图片，希望上面既有笑脸，也有哭的表情。那么我搜索时就可以使用"+"，比如搜索"happy +sad"。这就代表需要搜索出来的图片里既有笑，又有哭。

你可以打开搜索引擎尝试一下。

如果要搜索图片，建议大家学会用英文单词在类似必应（bing.com）这样的国外搜索引擎里搜，通常搜出来的图片匹配度更高，也更精美。你可以尝试在百度图片里搜索"happy +sad"，然后在必应国际版使用"happy +sad"进行图片搜索，你会看到后者的图片质量更高。

再比如你想搜索一些关于物理学家费曼的内容，直接输入"费曼"的搜索结果可能是关于另外一个费曼，即演员吴镇宇的儿子的内容。这时使用"+""–"就可以控制搜索结果。输入"费曼 –吴镇宇"，搜索结果主要都是物理学家费曼的内容。若输入"费曼 +吴镇宇"，搜索结果大部分都是与吴镇宇和他孩子相关的新闻。需要注意的是，搜索符号前面有空格，而符号后面没有空格。

在必应、百度、搜狗这些搜索引擎里，有很多类似"+""–"的搜索标记方式，比如"filetype""*"等等，要是能全记下来，平时使用上自然很好，但是我个人觉得不用记这么多，一般人平时也懒得敲一堆规则，只要知道"+"和"–"的使用就可以了。

至于其他搜索规则，我建议学会使用"高级搜索"这个功能即可。在使用搜索引擎时学会使用高级搜索，既不用记复杂的规则，又可以使用这些规则来搜索。以百度为例，在主页点击"设置"，选择"高级搜索"，你就能看到各种高级搜索规则，比如只搜索 PDF 文件等。（见图 1–3）

图 1-3　百度中的高级搜索

这个方式在进行各类图片搜索时也一样可以用，比如在必应里面搜索图片时，就可以通过筛选器来进行高级搜索，你可以选择搜索图片的尺寸、图片的文件类型等。（见图1-4）

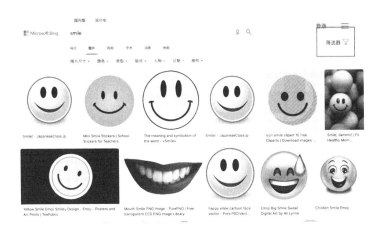

图 1-4　必应图片搜索中的筛选功能

总结一下，改进搜索方式主要通过下面这些核心操作：

1. 把搜索内容转化为关键词来搜索

- 可以使用单个或多个关键词的组合来进行搜索。

- 对一个搜索内容，可以尝试使用不同的关键词来搜索。

- 搜索图片可以尝试使用英文关键词在必应、谷歌等英文版搜索引擎里搜索。如果英文不好也没关系，可以用在线词典把中文翻译成英文。

2. 学会使用一些搜索规则来优化搜索结果

- 用"+"或"–"来强迫搜索结果中必须包含或必须没有某个关键词。

- 使用搜索引擎自带的高级搜索或筛选器等来帮助自己优化搜索结果。

学习学习

深度：如何实现深度学习

除了搜索，我们还要经常阅读、听课，让前人的总结成为我们智慧的来源。输入既然如此重要，还等什么，让我们的眼睛和耳朵活动起来，疯狂地阅读，疯狂地听课吧。

如此热情令人动容，如此冲动建议叫停。

咱们总是强调，做事情不要使蛮力。这个时候要停下来想一想：世界上浩如烟海的知识，怎么学才能使效率比较高呢？这时候有人想到"速读"的方法，要是自己练就一目十行的本事，学习的效率不就提升了？

事实并非如此。

提升阅读效率的第一要义不是读得更快，而是垃圾内容读得少。

读好的内容，哪怕读得慢也没事。这又不是竞速赛，读得快意义不大，就好比你一小时内能吃更多东西就更好吗？一小时内吃更多的垃圾食品可能更伤身体。

在有限的时间里"选择"才是重要的。

把你的时间想象成可以进行投资的资本，同样有 1000 万元，不同投资人选择的项目会不同，不是投的项目越多收益越大，是投的项目越好收益越大。

所以"知识输入"的一个重要优化方法就是：挑选高质内容。把时间投入高质内容上，就好像把钱投到好的项目上，收益大，风险小。

面对浩瀚的知识海洋，你永远可以做出选择。但是我们该如何选择呢？

想做好信息的选择，要做到"两个把关"，并用好"两个标准"。

"两个把关"是指把关好信息源和内容。好不容易有点时间学知识，读点好的，也不枉费自己的时光。策略很简单，选择好一点的信息源，在优秀信息源里选择好一点的内容。

筛选信息源：一个信息源就好比一个泉眼，泉眼里不断涌出泉水，信息源能源源不断供给内容。尽量选择质量高一点的信息源，如果一个信息源本身不太好，那么里面的内容就别去看了。一口井如果被污染了，里面的水也不值得喝，应该直接封上这口井。面对垃圾信息源，我们不要纠结，直接关闭掉，这种躲避垃圾内容的方式超级高效。好多人只有屏蔽垃圾信息的习惯，没有屏蔽垃圾信息源的习惯，这样的策略不够干净利落。

筛选内容：即使是一个优秀的信息源，里面也难免夹杂很多低劣的内容，就像好吃的餐厅里可能也会有难吃的菜，我们不能照单全收。在优质信息源内部我们还要对内容进行二次筛选，挑出好的内容来阅读和学习。学会在王牌餐厅里点王牌菜，这样饭菜的质量会非常有保障，学习也是如此，要在优质信息源里寻找优质的内容。

"两个标准"说的是用什么方式来判断好坏。没有标准就很难做出判断，量一个桌子的长度需要尺子，评判信息源和内容的好坏需要标准。

高质：主要看两件事，"价值大小"和"知识浓度"。内容如果价值不高，即使文章不长，也不应该去读，不要浪费时间做价值小的事情。知识浓度，通俗点来说就是"干货多不多"。一个内容废话连篇，知识浓度就很低。如果有可能，尽量让自己读"价值大，且知识浓度比较高"的内容。文章长短反而不是判断依据，一篇长文如果字字珠玑，那它也是精练的，一篇短文如果全是废话，反而是冗长的。

多样性：饮食讲究平衡，蛋白质需要有，脂肪需要有，糖类需要有，蔬菜也需要有，平衡饮食使人更健康，学习也如此。信息类型过于单一，就容易走极端，观点就容易被带偏。为什么我们强调输入渠道有阅读与听课、观察生活、搜索三种？这也是希望我们的输入更多样，书、课、生活和互联网都看看。信息源多样一点，内容多样一点，这样的学习更健康。

接下来，我们介绍一下这几点如何具体做到。

谨慎选择信息的源头，让学习更高质

信息源的选择要谨慎一些。互联网时代信息爆炸，打开手机，满屏幕都是别人塞给你的信息。对信息源不加筛选，等于别人往你嘴里塞什么你都吃。想象一下那种嘴里塞满垃圾的场景，是不是身上不由自主地一哆嗦？

选择信息源的整体策略就是：关注最好的，排除最差的。

优质信息源的特点是整体水平比其他信息源好，虽然有时候也有水平比较差的内容。

比较差的信息源的特点是大部分内容都很糟糕，只是偶尔会有一些好的内容。

下面列举一些信息源，在你心目中这种类型的信息源质量怎么样？

- 评价较好的书籍
- 评价较好的课程
- 一手研究的论文
- 微博

- 公众号

- 抖音

　　好的信息源是什么？优质出版物、优质课程、优质论文。这样的内容以传播知识和研究新知识为己任，整体质量相对较高。而微博、公众号和抖音都算不上是优质信息源，无效内容占比过大。

　　为什么我不太喜欢看朋友圈？看朋友圈就像别人喂给你什么，你就要吃什么。这些信息又没有非常好的筛查机制，虚假信息过多。同时，能引爆朋友圈的所谓爆文很多都是博眼球的文章。

　　在我眼里，朋友圈是一个充斥着低质量文章的地方。

　　面对这样的信息源，我的选择非常简单：关闭朋友圈，接着取消关注一大票公众号。"10 万 +"的鸡汤文也是鸡汤文，很多人看并不能改变它低质量的本质。

　　有人说，这样做的话，万一有好文章，岂不是错过了？不要有这种"万一错过"的心态，越是有这种心态，越容易看更多的低质文章。每篇都看，听起来错过好东西的概率小一些，但实际上效果更差。如果时间都被垃圾内容填满，怎么可能还有更多时间阅读优质内容？肚子里装满垃圾食品，再想吃青菜就咽不下去了，你的胃只有那么大。你不能因为担心错过好女孩或者好男孩，就跟所有见面的人谈恋爱。那样更浪费时间，甚至会错过一生挚爱。

垃圾堆里翻出好东西的概率太低了，错过就错过吧。

世界上好内容太多了，不用那么焦虑和担心。

我以前也花了一点事时间调整自己这种"万一错过"的心态，后来给自己写了一句话：在书籍和朋友圈之间，我应该坚定地选择前者。

不要看那些万一有好东西的信息源，要看那些偶尔也会有差东西的信息源。

没有什么信息源是完美的，但是如果一个信息源偶尔才有好内容，那错过就错过吧。如果一个信息源偶尔才有质量较差的东西，那么这个信息源就值得保留。

在我眼中，朋友圈就属于第一种，偶尔有一些好东西，大部分内容质量都不过关，因此不值得浪费阅读的时间。很多公众号也一样，都属于知识浓度较低的信息源，把这样的内容直接取消关注吧，不要担心万一错过一篇好文章怎么办。对我而言，公众号这个门类是排不进优秀信息源队伍中的。

可是公众号有时也有有用的东西，那怎么办？如果实在觉得不看公众号可惜，那就将大部分取消关注，只保留关注少数公众号，同时把大部分人的朋友圈都屏蔽掉，这样你的朋友圈就"净化"了，开着也无所谓。还有一个办法是使用"微信读书"来阅读精品公众号。关闭朋友圈，将精品公众号在"微信读书"里加入书架，必要的时候在"微信读书"里浏览一遍。但无论如何不要关注一大堆公众号。

对抖音上的内容也可以采取相似的处理办法，取消关注大部分信息质量偏低的博主，只关注少数高质量的。浏览的时候看"关注"而不是"推荐"，或者直接搜索自己喜欢的博主，翻阅他们的主页。抖音的"推荐"里有太多娱乐化的内容，如果主要看"推荐"，即使你关注了几个优秀的博主，他们的内容也会被淹没。稍不注意，你就变成打着学习的旗号，刷了一堆娱乐搞笑视频，得不偿失。

它们真的没有你想象的那么重要。

在高质信息源里选择高质内容

尽量关闭差的信息源，但同时还要意识到：优质的信息源内也不全是好东西，要进行二次筛选。

那如何利用"价值大小"和"知识浓度"两个标准呢？

价值大小判断

判断内容价值有如下几个建议：

- 有科学依据的比没有的好。
- 有严密论证的比随口一说的好。

- 能提供新观点的比老生常谈的好。

- 能提供明确方法的比空谈理论的好。

- 有体系的比散乱的好。

- 评价高的比评价差的好。

- 一手信息比多手信息好。

- 来自实践的比架空的理论好。

一个好的内容，至少应该具备上面 1~2 个优点。优点数量越多，内容越值得花时间阅读。

为了有效利用这些建议，这里给出一个"内容价值评分表"（表 1–2），方便我们做一些量化评估。

表 1–2　内容价值评分表

序号	评价标准	是否得分
1	是否有科学依据	
2	是否有严密的论证	
3	是否能帮助我们突破认知，获得新观点	
4	是否给出了明确的方法，更容易学会怎么做	
5	是否有比较完善的知识体系	
6	是否能搜到评价，在专业网站上评分是否高	
7	是不是一手信息，而不是被别人改得面目全非的多手信息	
8	经验是否来自真实的实践	

评分表里的每一项内容是个"是否选择题"，答案选择"是"，该项得 1 分，满分为 8 分。

得 0 分的内容谨慎阅读，最好不读，不要浪费自己的时间。你会惊讶地发现好多内容评估后都是 0 分。

得 1 分的内容往往就值得读。这可能有些令人意外，但现实确实如此。

得 2~3 分的内容就值得好好读，这些内容已经是价值比较高的好内容。

超过 4 分的内容往往就值得精读，甚至重复阅读，这些内容是精品中的精品。

为了培养自己的心态，我曾经找过很多心理方面的书来读，但不少书都是鸡汤文堆砌，按照评分表打分都是 0 分。起初这些书里的观点也会对我产生影响，评分后就知道它们的内容不是特别值得信。

后来我找到一本书《活出最乐观的自己》，评分结果如表 1–3：

表 1–3　《活出最乐观的自己》内容质量评分表

序号	评价标准	是否得分
1	是否有科学依据	1
2	是否有严密的论证	1
3	是否能帮助我们突破认知，获得新观点	1

序号	评价标准	是否得分
4	是否给出了明确的方法，更容易学会怎么做	1
5	是否有比较完善的知识体系	1
6	是否能搜到评价，在专业网站上评分是否高	1
7	是不是一手信息，而不是被别人改得面目全非的多手信息	1
8	经验是否来自真实的实践	1

这本书获得了满分，说明内容非常值得信赖，是精品，值得深读。我前前后后精读了 6 遍，还在实践中运用，获益良多。我也从不吝啬对这本书进行推荐，但是很多人看过后，并没有做到"知行合一"，收获感就会小很多，而且这种基于科学实验的心理书籍确实没有鸡汤文有煽动性。但是评分告诉我：这是一本价值很高的书。这就足够了，文笔不是我关注的核心。

不过你可能有一个疑问，在阅读之前怎么评估一本书呢？这个策略将在后文提到。

内容的知识浓度

要尽量少选择那些知识浓度低的内容。这里做一个类比帮你来理解"知识浓度"这个概念。你可以把自己想象成一个在知识方面饥肠辘辘的人，你要读的文章可以类比为一碗饭。

有的文章是一碗干饭，每吃一口都挺解饿；

有的文章是一碗稀粥，虽然没那么解饿，但是至少有作用，也容易下咽；

有的文章是一碗清水，虽填满了胃，但是完全不解饿；

而有的文章是一碗毒汤，真的全咽到肚子里，看似饱了，实际上损害了身子。

你应该把精力多放在干饭文上，至少应该看稀粥文。这些内容的"知识浓度"相对高一些。

叶开在《写作课》中也提过一个类似的概念：低效率表达。对应过来就是知识浓度低。叶开在原文中是这样说的："低效率表达，就是一长段对话或者描写，传递的有效内容少。"

有没有什么量化的方法可以评估知识浓度呢？

前文说阅读和听课后要书写卡片，同样是 20 页内容，有的书可以帮助我们整理出 6 张卡片，有的书只能整理出 1 张，而有的书一张卡片都整理不出来。整理出的卡片越多，这本书的知识浓度就越高。

如果是看书，可以随意选取 10 页，看看能生成几张卡片。生成数量越多，知识浓度越高，我们要阅读的书籍在 10 页内少则可以生成 1~2 张卡片。

如果是听课，可以随意选取 10 分钟，看看能生成几张卡片。我们要听的课程在 10 分钟内要少则可以生成 1~2 张卡片。

如果达不到这个标准，这样的内容就是低效率表达，知识浓度过低。

价值和浓度构成四大评估象限

我们可以把知识浓度高低作为横轴，价值大小作为纵轴，将要学习的内容划分为四个象限。（见图 1-5）

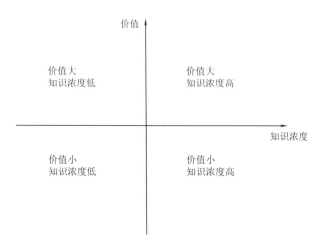

图 1-5　学习内容的象限划分

最佳象限是价值大且知识浓度高这一个。这样的内容质量好，有效信息多，属于真正的有效干货，能帮助我们开拓认知，获得更多有用的知识。这样的内容读得越多，阅读效率越高，哪怕读慢一些都没关系，反复阅读可能效果更好。如果我们要选择学习内容，核心目标就是尽量选择这个象限的内容。

其次是知识浓度低，但价值大的内容。这类内容有价值，可惜呈现的方式过于啰唆，废话比较多，但阅读后能获得有价值的知识。这部分内容也可以读一读，但是最好学会一些略读和速读的技巧，减少在上面花费的时间。面对这个象限，我们的策略就是：获得干货，跳过废话。

还有一类是知识浓度高，但价值小的内容。这类内容其实没有什么价值，但是作者写作手法好，整篇文章不断提供信息刺激你，让你产生有收获的错觉。这样的内容是一种被伪装过的水货，看起来让人收获满满，但真正有用的知识不多。这样的内容也属于尽量少读的范畴。辨别的方法就是使用前文提到的价值评分表。即使自己被"骗"着读完了，也可以进行评分，如果发现评分特别低，应该知道这篇文章的内容不值得做很多知识卡片。这样你也能节省自己的时间，同时也能避免让错误的知识误导自己。

还有一类内容是知识浓度低，价值也小。这样的内容应该尽量少读或者不读。不要指望通过提升阅读速度来提升效率，不读是效率最高的。

人的一生能用来学习的时间并不多，如果真的要学习，要提升自己，应该尽量保证自己读的内容都在知识浓度高且价值大的象限。

这就是提升学习效率的重要秘诀之一。

还没有阅读之前，如何对书进行评判呢？

首先要利用豆瓣评分、微信读书评分筛选一轮，优先读评分特别高的书籍。比如在微信读书上标记了"好评如潮"的内容，往往比推荐率只有47%的内容要好，虽然这并不绝对，但是从中挑出优质内容的概率确实高许多。

但即使这样，能看的书籍和能听的课程还是太多了，此时，我们该怎么办？

有些书虽然评价很高，但是可能不适合现阶段的自己，这个时候怎么能快速完成判断呢？

判断值不值得读的好方法就是片段试读。

片段试读是一个好习惯。相当于女生买化妆品，利用小样来判断要不要买一整盒。既然我们买化妆品都这么有逻辑，怎么读书就不做类似的事情了呢？

可以随机选择一本书的 20 页进行试读。试读时记得做两个评估：

• 用价值评价表看看这本书能不能至少获得 1 分。
• 看看它的内容能不能生成 1~2 张卡片。

如果这本书值得读下去，就啃下来。如果发现它没有优点，那就果断放弃。有的人可能会说，这样万一错过好东西呢？不要总是担心这个，前文也强调过，知识的浩瀚海洋，你永远游不完，穷极一生，必然错过的也是大多数，你也就没必要在一两本书上过于较劲了。

为了更好地进行片段试读，建议学一些速读的技巧，进一步提升试读的效率。注意，我们学习速读不是为了囫囵吞枣地

　　　　　　　　　　　　　　学习学习

快读，不是为了炫耀我一年读过多少本书，我们的目的是选择。

保持多样性：不要让喜好变成偏见

自然世界要维持物种多样性，认知世界也要维持知识多样性。这样才不容易跑偏，不容易走极端。

但是我们不能指望一篇文章就提供多样性，不能指望一本书什么都谈，"多样性"是我们主动构建的。就好像我们维护大自然的多样性，狮子要有，斑马要有，森林要有，山河要有，但我们不能要求斑马帮我们维护这一切。

提升多样性有三种主要的方法。

第一种方法是看不同门类的知识。多看一些不同类别的知识，组合着看，科学、经济学、心理学、历史、人文、艺术等方面的知识都要看，类别多了，多样性自然就能提升。

第二种方法是针对一个主题多看一些视角。想提升写作能力，不能只靠一本书，多看看不同人的观点，这样你能获得关于写作更加全面的认知，对于写作的学习就能保持很好的多样性。

第三种方法是通过搜索来补充其他材料和观点。学习中可以通过搜索补充一些不同的材料和观点，这样多样性可以得到维护。一旦看的内容比较单一，就问问自己：要不上网搜搜？

除了以上三种方法，还要警惕一点：小心算法推荐。

警惕所有基于算法的推送，算法推荐是"偏见加速器"。推荐的逻辑就是根据你的喜好推荐相似内容，这本身就违背了多样性原则。在推荐引擎的帮助下，你看到的都是自己喜欢看的、已经认同的内容。新观点越来越少，重复的观点越来越多，多样性就被破坏了。

"你的喜好"开始变成"你的偏见"。

要学会停下来，及时给自己的偏见刹刹车。

踩刹车的第一个方法是换软件。先把推荐太多相似内容的软件放一边，读读书，看看其他软件。

踩刹车的第二个方法是主动点击一些其他内容，让算法重新推荐。如果发现新观点越来越少，重复的推荐就不要点了，主动点击一些其他内容，让推荐引擎"重新认识"你，慢慢地它就会开始推荐一些不同的内容。

速读的技巧

即使我们筛选出的内容质量很高，整体阅读量也是惊人的。这个时候阅读速度的提升就很重要了。速读的价值主要体现在以下三个方面。

一是通过片段速读快速判断内容质量，帮助我们筛选内容。

二是对于"价值大，但知识浓度低"的书籍，使用这样的阅读策略可以提升我们的阅读效率，减少在这些内容上花费的时间，通过速读快速找出书中的一些核心内容即可。

对于好书、好课，我从来不建议速读，要慢慢读、反复读，这样效果更佳。但是第一次阅读的时候我们可能不知道它是不是好书，那就可以先用速读的方式看一遍，如果发现内容好就重读。这是速读的第三个方面的价值。

接下来我们介绍一些可以提高阅读速度的小方法。

技巧1：空白卡片法

在《如何阅读：一个已被证实的低投入高回报的学习方法》一书中，我看到了一个好办法：空白卡片法。自己试验后效果不错，推荐给大家。这个方法的核心是使用一个"视觉加速工具"来强迫自己提升阅读速度。书中说："'加速器'强迫你的眼睛随着指定的方向在书上移动，从而提高你的阅读速度。"

操作方法非常简单。阅读时，拿出一张空白的卡片，或者一张白纸，在读的过程中遮挡其他内容，让自己的视线快速移动。但是注意要遮挡住你阅读内容的上方，而不是下方。也就是把读过的内容遮挡住，留下要读的内容，然后一行一行向下移动。之所以要遮挡住上方而不是下方，是因为这样可以避免回读，所谓回读就是读着读着又把前面的内容看了一遍，回读次数多就会浪费时间。现在空白的卡片把上面的文字盖住了，想回读也看不到。

一边阅读，一边移动卡片，卡片移动速度越快，阅读速度越快。

这就是空白卡片法的作用所在，减少回读，加快速度。这个方法简单易操作，效果立竿见影。

一开始不要过快移动卡片，有点耐心，慢慢来。时间长了，阅读速度就会一点点提起来。

慢慢地，你就不再需要卡片了。

不回读已经变成了你的习惯。

技巧 2：意群阅读法

在空白卡片法的基础上，还要学会不要一个字一个字地读句子，而是能够一个意群一个意群地读，这样也可以提升我们的阅读速度。

在《如何阅读：一个已被证实的低投入高回报的学习方法》这本书中，作者给出了一个案例。

意群阅读法 / 就是阅读 / 构成同一思想 / 的一群单词 /。通过寻找 / 这些意群，你迫使视线 / 在保持 / 好的理解力 / 的同时 / 移动得更快些。

上述段落中第一个句子有 20 个字，4 个意群。第二个句子有 30 个字，7 个意群。学着眼睛每次停顿时抓住一个意群肯定比一次只读一个字更加有效。你的大脑会积极配合眼睛，抓住意思相关的字。

意群阅读法的特点是要训练自己一块一块地读，而不是一个字一个字地读。

怎么理解意群阅读法？就想象你在句子中画了乐谱中的"小节线"，一个小节是一个整体。看上面的例子，一旦画出小节线来，阅读速度就会提升。

开始练习的时候，可以尝试主动在书上画一些小节线，然后一小节一小节读。练习几次后，意识养成了，就不需要再去画线了。

这个训练非常实用，在以后的阅读中能经常用到。强烈推荐你将它变成日常阅读的习惯。

技巧 3：关键词跳读法

在空白卡片法和意群阅读法的基础上，你可以借助关键词来进行视线的进一步跳动，让自己的阅读速度进一步提升。这样就可以更快速地完成对一个内容的筛查，确定它值得读后再好好阅读。

关键词跳读法的第一个特点是不用完整的句子来理解所有信息，而是利用关键词。

另外一个特点就是阅读的视线要跳跃起来，略过句子中的部分意群，通过这样的方式实现阅读速度的提升。

看一个例子：

关键词跳读法的第一个特点是不用完整的句子来理解所有信息，而是利用关键词。

关键词跳读法……不用完整的句子……，……利用关键词。

虽然部分信息被省略了，但是关键词保留了核心信息，重要内容并没有丢失。而且用这种方式阅读，我们的视线是跳跃的，跳着跳着，阅读速度就快了。

再感受一个例子：

在空白卡片法和意群阅读法的基础上，你可以借助关键词来进行视线的进一步跳动，让自己的阅读速度进一步提升。这样就可以更快速地完成对一个内容的筛查，确定它值得读后再好好阅读。

……，……借助关键词……视线……跳动，……阅读速度……提升。……内容的筛查，……。

上面的例子其实比较极端，其他内容都被"……"代替了，显得信息缺失得比较厉害。使用关键词跳读法的时候，其他文字不会变成"……"，我们还是会扫到，意思就能补全。

用极端的例子主要是为了让你感受视线在关键词上跳跃的感觉。

空白卡片法、意群阅读法、关键词跳读法这三个方法都掌握了，你就可以综合运用，速读和略读的能力就增强了。即使是一本好书，很多时候也不是所有内容都值得精读，利用这样的方式可以让自己更快速地进行学习，遇到重要章节精读慢读，遇到低效的章节速读，这样可以实现"精读"和"速读"的配合。

主题式学习是实现深度学习的法宝

有深度的输出需要有深度的输入。

想获得有深度的输入，就离不开"主题式学习"。

常规的学习是吃透一门课或一本书，这种学习往往以"一期课"或"一本书"为中心。围绕一本书去阅读，记笔记，画思维导图，查评论。（见图1-6）

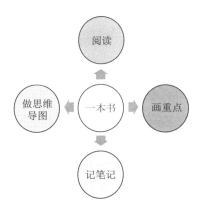

图1-6　常规学习思路

但主题式学习的思路不同，主题式学习的中心是"主题"，要想尽一切办法来吃透这个主题。对自己的学习内容不再做类型上的限定，可以读书，可以听课，可以观察生活，也可以在互联网上搜索，但有一个要求：这些内容都要与主题相关。（见图 1-7）

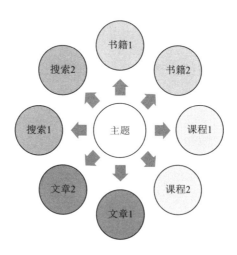

图 1-7　主题式学习思路

在一段时间里，这个主题就像你当初疯狂追求的那个爱人，你做各种各样的浪漫之事，就是为了获得他或她的心。可能一起看电影，一起吃烛光晚餐，一起去游乐场，一起散步，浪漫的事情多种多样，但你的目的只有一个，就是追求那个人。同理，主题式学习就是围绕一个主题做各种不同的事情，目标就是吃透一个主题。

　　　　　　　　　　　　　　　　　　学习学习

在一段时间里，通过学习各式各样的材料，去吃透某一特定的主题，吃透主题才是目的所在。这也是主题式学习的精髓。

以我个人为例，之前为改进阅读和写作能力，开展过主题式学习，找了非常多与此相关的书来看，也听了不少课程。其间阅读过的一些书有《如何阅读一本书》《一分钟说话》《快速阅读术》《如何有效整理信息》《如何高效阅读》《如何有效阅读一本书》《阅读整理学》《深阅读》《有效学习》《洋葱阅读法》《写作全技术》《写作课》《写作提高一点点》《演讲的本质》《一页纸工作整理术》《如何讲好一个故事》《如何讲好一件事》《麻省理工深度思考法》《爆款写作课》等等。

综合阅读和学习这些内容，与只研读一本书的效果是不同的。虽然上面的内容质量参差不齐，但是综合学习下来，我的认知也比只读其中一本更完善。

我个人的体会是：就学习深度而言，读透一本书往往不如读多本书能学透一个主题。

选择合适的主题

开启主题式学习的第一步就是选择合适的主题。

主题是灵魂。

怎么才能选择到合适的主题呢？很多人都好奇。有的人可能会去找身边的"大神"推荐主题，有的人可能在网络上搜索主题，有的人可能一筹莫展，并为此烦恼不已。寻找好的主题完全不需要这么麻烦，这里告诉你一个好办法：

选择一个近期用得上的主题。

根据近期工作、生活的需要确定主题，这个主题在之后的工作或者生活中恰好用得到。

这么做有两个重要的好处。

第一个好处是容易坚持。

一旦学到的东西之后能用上，我们就更容易产生内在的动力，因为能感受到自己的努力是有意义的，在改变一些事情。如果一开始选择的主题现实中并不需要，我们就容易陷入一种感觉：学了也没什么用。如果用不上，就要逼迫自己学习，这是很难坚持的，不要考验自己的毅力。

失败不是成功之母，小胜才是。

选择现实中近期用得上的主题，就能实现学以致用。一旦使用中产生了效果，"小胜"就发生了。

用"小胜"推动自己学习，比用"毅力"推动自己学习要更容易。

到后来，坚持已经成为一种习惯，你的主题选择可以更加随性，甚至可以研究很多看似无用的内容。因为很多"无用"

的东西，将来可能"有用"。

但是在启动阶段还是要多坚持实用主义，在工作和生活中寻找用得上的主题。

第二个好处是容易知行合一。

选择近期用得上的主题让我们能更好地完成"知行合一成长体系"的四个模块。如果选择的内容之后很长时间都用不上，会导致"实践应用"模块的缺失。"知行合一"怎么能没有"行"呢？

没有了实践应用，知行合一是不完整的，不完整的知行合一就不是知行合一。在运用"知行合一成长体系"的初期，一定要坚持完成四个模块。一旦这个规则被打破了，你的学习与成长就又会退回到原来的模式。

一旦你知道某个知识之后马上在工作中用得着，在学习知识时就更加有的放矢，自己也会变得更加具有甄别力。遇到一个方法就可以问问自己：我之后用得上吗？一些无用的理论在这个阶段就能被排除。

构建学习内容

有了主题，我们就围绕它构建学习内容。

通常内容要从三个方面选出来：书籍和课程、观察生活、搜索。尝试去建立一个"主题内容清单"（表1-4），这样会很有帮助。有了这张表，我们能有意识地建立多元输入渠道。

表 1-4　主题内容清单

主题	
书籍、课程	
观察生活	
搜索	

在第一行里填上自己近期要学习的主题，建议在一个阶段只启动一个主题的学习，不要启动两个或更多。集中突破，饱和攻击，不要分散自己的精力。

在第二行里填上与主题有关的一些书籍和课程。可以尝试在豆瓣、微信读书、Kindle（亚马逊电子阅读器）、知乎上搜索相关的书籍推荐，然后把书名填入书籍那一栏，优先列评分比较高的书籍。课程方面尽量选择一些靠谱的讲师，寻找优质课程往往比搜索优质书籍难一些，因为课程还没有形成类似书籍一样完善的评价体系。

在第三行里填上一些自己需要做的生活观察。可以观察人，去看自己身边这方面做得比较好的人是怎么做的，问问他们的意见；也可以观察事物，看看哪些事情跟这个主题有关，然后进行观察，让自己能从实际生活中获得给养。

第四行的填写稍微有一点不同，可以分成两步来填写：一部分在开始阶段填写，列上搜索出来的值得学习的文章；另外一些文章要在学习的过程中不断搜索，进行完善。

如何观察生活，后文会详细介绍，现在你只要知道需要填入这两类内容即可。

确定这个列表要注意两点。

第一是选择的内容要多元一些，不要太单一。看看不同作者的想法，看看国内国外的想法。"多样性"是重要的关键词，它使我们的认知更全面。

第二是尽量选择更多优质的内容，无论是书、课，还是搜索出来的文章，都尽量选择评分高的，或者周围人看过之后评价比较好的。

这两点也是前文提到过的"多样原则"和"高质原则"。

> **高手，从来不均匀发力。**

有了学习列表后，不要平均分配你的时间，要学会通过片段试读进行二次筛选。

特别像书这种动辄几百页的内容，一定要试读一下。如果还不错，就可以降速精读；要是内容差，就先放在一边，之后有剩余的时间再粗略翻看一遍。

让学习保持多样性

不要简单地以为主题式学习就是为了让自己的学习有个主题，主题式学习本质上是为了避免偏听偏信。我们身边有好多人，看到一个视频就被煽动去骂人，读了一本书就改变了人生观，听了一堂课就再也无法接受其他方法了。这样随随便便下结论是不对的。主题式学习正好能帮我们解决这方面的问题。

我们要养成一个好习惯，看到什么，不轻易下结论。别人越说得极端，越有煽动性，越要先劝自己冷静。特别是朋友圈里分享的文章，为了吸引眼球，好多都特别喜欢把话说得绝对，喜欢拿一点事实的片段就开始大肆渲染。

还是那句话：对一切以吸引阅读量和点赞量为目标的内容保持高度警惕，这样的内容关注转发量、阅读量、点赞量，就不会真的把信息的真伪排在第一位。在"耸人听闻"比"求实存真"更重要的信息环境里，辨别比傻傻地阅读更重要。类似抖音、快手这样的平台上也有些内容会误导我们，不要以为眼见为实，被截取的视频片段本身就是编造出来的故事。

我建议我们自己养成一个习惯：重要的人生结论，要经过主题式学习再下定论。

想知道怎么做时间管理，不要看完一篇文章就下定论，做一次"时间管理"的主题式学习。

想知道如何与别人沟通，不要听朋友讲一个沟通策略就奉为圣经，花点时间做一次"人际沟通"的主题式学习。

想知道如何学习英语，不要随便报个班就以为学到英语学习的真谛了，多搜索一些这方面的书籍、课程和高质量文章看看，做一次主题式学习，这样你会对英语学习更了解。

为什么主题式学习能防止我们偏听偏信？

好的主题式学习强调看不同的观点、不同的证据。不同观点互相对冲，不同证据交叉验证。

对于一件事情，当你能看到好多不同的想法，你就会反思。你看得多了，自然判断力就提升了。我们经常说一个人有品位，品位是怎么来的，就是见多识广。你见过更好的，自然看到一个普通的东西就不会轻易被忽悠。我们对事物的判断也一样，看到的事物、观点多了，你的"认知品位"就能提升。

好多人进行主题式学习的效果没有预想的好，其中一个重要的原因是自己一直在关注已经认可的知识，对其他观点视而不见。

只看自己认可的知识，这不是学习，这是复习。

哪怕是一个硬币，还至少有三面呢，正面、反面和侧面。主题式学习做得比较好的人，把一件事情理解成一个多面体，整个学习的过程就是找到这个多面体不同侧面的过程。他们不会因为自己觉得某一个面很好看，就长驻不前。他们会逼迫自己走出这个"面"，去找找"其他面"。这是一个学习的好习惯。不能听了一面之词就当真理来用。

我的建议就是在主题式学习中要主动寻找不同的观点，让自己看到的角度更多样一些，甚至故意看一些自己可能会反对的观点。看看反对者是如何反驳的，他们拿出了什么证据，这些证据自己之前认真分析过吗？这些反对声音中是不是有自己之前忽视掉的观点？通过这样的反思，我们的认知才能变得更加全面。

学习，能让人成长；复习，只能加强过往。

我自己的一个习惯就是：接受相互打架的观点和证据，并享受它们打架的过程。想一想法庭是怎么判案的？就是要原告与被告互相攻击和争论，真相就在这个争论过程中逐渐浮现出来。

阅读不同的观点，甚至相反的观点，是在自己的头脑中建立一个"知识法庭"，我们作为法官，就更容易看清事实本质。有的时候，反对的声音要等一等才会出现。偶尔在朋友圈看到一些文章，把某一件事情骂得一无是处，或者夸得天花乱坠，你不用着急附和。等一等，过几天你会看到好多有相反观点的文章出现。听到双方不同的声音，你会明显感觉自己的认知更全面一些。

拼拼图，而不是找答案

不少人读书都有一个潜意识：希望自己多读书，这样指不定在哪本书里就能找到苦苦追寻的标准答案。

这思路想来挺正常，要是自己想学英语，当然想找到一个名师告诉自己学习英语的奥秘，跟着这个老师，自己的英语水平就能提升上去，这个老师手里应该有英语学习的标准答案。如果你有类似的想法，那你还是不理解什么是主题式学习，这种学习思路把学习当成了"找宝藏"，认为知识躲在某一本书里，如果能找到这本书，就能找到"标准答案"。

主题式学习跟找宝藏的思路不一样，主题式学习更像拼拼图。

没有哪一个碎片是答案，各种碎片有机地整合在一起才是答案本身。

没有哪一本书、哪一套课、哪一个人有最终的标准答案。

一本书里藏着一些碎片，一套课程里藏着一些碎片，一个人的大脑里还有一些碎片。我们要一点点找到各种碎片，然后通过综合分析，找到事物的全貌。阅读的目的不是在某本书里找到答案，而是通过综合学习，自己研究出答案。这个答案并不是之前某一本书或某一个专家的想法，而是所有人想法的集合。

最终的思路往往不来自选择，而是源于综合分析。我们团队开会也用过类似的思路。开会时，可能每个人心中都想到了一个方案，讨论的目的不是在 A、B、C、D 这些方案中选一个，而是通过综合分析找到一个全新的方案 E。这个新方案综合了所有方案的优势，往往超越之前提出的任何一个方案。运用这样的讨论策略，开会的效率就会更高。

我没有证据，但总感觉"选择一个"的思路是我们上学时选择题做多了留下的习惯。

答案不在某一处，答案分散在好多地方，需要综合分析，整合处理，才能最终拼接出来。这才是主题式学习。

注重信息的质量

在主题式学习中，为了确保我们能看到事物的不同侧面，我们需要从不同地方寻找信息，让信息更加多元。但是有一点我们要铭记在心：不是所有的信息都是等价的。

就好像你生病了，专业医生的建议就比邻居大妈的经验更靠谱一些。虽然这两个人都给你建议，但是这些建议不是等价的，专业医生的建议权重更高。

不同信息源的观点有可能不同，要注意有时候不同信息源的可信度也是不同的。为什么要强调这个？为了做出好决策，你必须判断哪些意见更可信。想想古代的皇帝吧，每天能听到的意见多了去了，说什么的都有，要做好皇帝必须判断哪些人的意见更可信。所以自己一定要对信息的可信度和质量有一定的判断，做决策的时候知道哪些更值得信。前文讲过的判断信息质量的一些方法在这里还可以继续应用。

菲茨杰拉德就曾经在一封信里跟女儿说："不知道你这个夏天是否读过书，读过书的意思是，读过像《卡拉马佐夫兄弟》或《震撼世界的十天》这样的书。"菲茨杰拉德希望孩子要读书，但是他的潜台词是：不同的书价值不一样，我希望你多读好书。

《原则》这本书的作者也说过类似的观点。

千万不要觉得这是小事情，多少昏君就是错信了小人，把国家都丢了。你的人生如果建设在错误的信息上，八成之后会建成一栋危楼，短期可能看不出什么问题，时间长了，很有可能出大事。

讲到这，你可能觉得没什么新鲜的，但很多人都在这个地方栽了跟头。我们更多时候不是根据信息的质量做决策，而是看有多少人在说，随大溜是很多人真实的选择。不要美化自己，诚实地回忆下，我们有没有犯过类似的错误。周围人反复说，大家都这么做，你就招架不住了，没经过深入思考，就加入周围大军了。

真实生活中，"大家都这么说，大家都这么做"比信息的可信度还重要，这就出了问题。

我建议多讲证据，多讲论证。可惜我们从小所受的教育中这方面内容比较少，上学时写的作文也多半是怀想天空等抒情的文章。有机会的话一定要多做独立判断，人有了脑袋，不代表有脑子，有脑子真的是件挺幸福的事情。

如果你能经常看看最新的证据，看看多名专业人士的意见，多看看数据，这些看似小小的改变，能让你少犯很多错。

因为从这一刻开始，你开始关注一个信息的可信度，而不只看多少人也这么认为。

可以试着问问自己：转发量大的文章真的是好文章吗？

新旧知识搭配

有些知识也有保鲜期。这并不绝对，但要注意。

解决这个问题的做法也很简单，在进行主题式学习时留意一下知识产生的时间，把"经典知识"和"新鲜知识"的比例调节一下。

大家如果留意中国历史，会发现好多朝代的文人都强调"经典"的不可撼动性。要是之前的"圣人"没有说过某个观点，这个观点似乎就缺少了根基。想安身立命，只要学习圣人的经典就足够了。这种想法太过极端，我们不要指望故去的圣人拥有全部的答案。

当然，也有人犯了相反的错误。认为老一辈的观点就等于老套，新的世界早已全部更替为新的规则。这是另一种不可取的极端。在变化的世界中，还是有很多道理是不变的。很多道理不是"老套"，而是"经典"。"全不信"和"全信"其实是同一种"病"。

在主题式学习中如何解决这个问题呢？

书籍中往往有更多的传统经典，经典的书籍要在主题式学习中保留，不要因为它们的年代稍微久远一些就舍弃掉。同时我们还应该补充一些与时俱进的课程。除此之外，还要通过观察生活和搜索找到一些新鲜度更高的知识。

新知识和旧知识搭配起来，营养更全面。

让主题式学习成为常态

现代社会变化快，主题式学习是你适应社会变化的法宝。

职场上很多人怕做新事，学点新东西特别费劲。主题式学习恰巧可以帮助你解决这个问题。主题式学习能让人不惧怕新事物。

接触一个新事物，就开展一次主题式学习，就这么简单。

不要总是等着别人来教自己，那是弱者的期待。人在职场，成长是自己的事情，别人不教你是他的本分，别人教你是你的福分。我们要做到没人教自己也会学。遇到一件事，自己发起一个主题式学习。如果问题比较大，主题式学习可以复杂一些。如果问题较小，可以快速完成一个轻量级的主题式学习。

假设你要做述职汇报，不要一打开 PPT（演示文稿）就开始直接写汇报内容。自己找一些相关的书籍和文章来阅读，迅速进行一个有关"如何述职"的主题式学习。这个看似简单的学习，就能让你的述职汇报做得更好。如果一年里你要进行很多次述职，那你的工作能力就有了提升。职场中有不少人，经常述职，却从来没学过怎么述职；经常做 PPT，也不学习一下 PPT 怎么制作。这都是进步慢的体现，因为他们没有进行主题式学习的习惯。

现代社会变化这么快，我们经常要做一些新的事情，因此主题式学习应该成为一个常态，要经常做。常做，常新，才能不断进步。这样你就能在变化的时代成长为一个职场高手。

在做某一类型的工作之前，或者在开始阶段，我会集中进行主题式阅读和听讲，这样避免自己闷头傻干，最后变成出力不讨好的傻小子。因为学会了主题式学习，我不会学一件事情就靠一本书，而是会看不同的内容，所以往往学习得也比较扎实。在实践中，主题式学习对于我个人而言真的意义重大，希望主题式学习也能成为你成长的利器。

小型主题式学习

在上面的阐述中，我们已经提到了，主题式学习可大可小，在实际操作中应该灵活一些，不要拘泥于形式。不要总把主题式学习想象成长达数月的艰苦作战，以为必须看 10 本书、听 10 套课才算学习到位。对于有些事情，做一个简单的、轻量级的主题式学习就够了。

我自己现在的习惯是，凡是要成为我脑中观点的东西我都会做一次主题式学习，但我不可能在每个观点上都花几个月时间，很多观点也没那么重要。我发现"小型主题式学习"很有价值，几乎日常都能用到。所谓小型主题式学习就是不一定非要读多少本书，而是可以看几篇观点不同的文章。

有了"小型主题式学习"这个概念后，我的阅读和学习有了一个重要的变化，对我而言价值巨大：我养成单独看一篇文章不得出结论的好习惯，这样能让自己不容易偏听偏信。在相信一个观点前至少启动一次"小型主题式学习"，看几篇相关文章就行。

大事情启动大型主题式学习，小事情就启动小型主题式学习。这样主题式学习的应用场景会变得更为广泛。

主题式学习做得比较透彻的人看到一篇精彩文章，即使热血沸腾，也会要求自己冷静。他会把这篇文章的观点作为一个主题的引子来看待，而不是直接作为最终的结论。如果没有时间启动一次大型主题式学习，那就多看 5 篇其他角度的文章来进行一次小型主题式学习。

一旦这成为本能习惯，偏听偏信的情况就会减少很多。

主题式学习练久了，你会发现它还有一个额外的好处：省时间。

相同主题的文章难免很多观点或内容有所重合，你跳读的可能性就很大，可以比分散阅读节省更多的时间。

这个好处很难言传，当书读多了之后，你就会发现阅读速度是自然而然提升的，这和市面上讲的"速读技巧"不是一个概念。

很多时候不是"巧生巧"，而是"熟能生巧"。

正确的搜索和整合能提高主题式学习的效率

我们虽然要为主题式学习准备一个清单，但是我们在学习的过程中不能被这个清单困住。不然就变成给自己画了一个圈，然后只能在这个圈里打转。怎么能避免这种情况出现呢？方法非常简单，就是在主题式学习过程中不断利用搜索来补充新的内容。

搜索就是帮助你跳出列表划定的小圈子。通过搜索，不断跳出跳入，你就能让自己的整个主题式学习变得越来越丰富。阅读中时刻关注出现的新名词、新概念，这些词往往就是一个搜索跳板，通过它们你能搜索到更多有用的素材。

有了搜索，你的学习列表就变成了动态列表，主题式学习就不是僵化的。

我们现在经常听到人说"担心碎片化学习"，其实碎片化不是真正可怕的，你可以慢慢把碎片拼出体系。比碎片化更值得担心的是"片面化"和"极端化"。

互联网能采集大量数据，特别懂如何迎合你，这就会导致你收到的内容都是趋同的，让片面和极端加剧。

互联网时代加剧认知片面化和极端化有三大引擎：

- 以传播量为目的的创作导致片面、极端更受欢迎。
- 各种推荐算法让你吸收的东西越来越相似，相似正是片面化的开端。
- 大量转发让你误以为好多人认同的东西就是对的。

想改变这种情况，你需要进行主题式学习，更需要在主题式学习中加入整合思维。什么是整合思维？看看菲茨杰拉德的解释："一流智商取决于头脑中同时存有两个相互矛盾的想法而继续思考的能力。"这种思考方式就是整合思维。

有了整合思维，在开展主题式学习的过程中，我们要故意去看不同的观点，甚至是相反的观点。我们不害怕观点冲突，看到矛盾的观点依然能正常思考。前文我举过开会的例子，通过讨论方案 A、B、C、D 得出方案 E，这就是整合思维的一种实际运用。

整合思维运用好，我们不但可以研究 A、B、C、D，还可以同时研究 A 和 –A。

从这个角度看，主题式学习应该叫"一个主题的多角度比较学习"。当然，我们很难直接用这样的名字，因为太难记了。

整合思维对于主题式学习来说非常关键，人们原来的习惯是在正反观点中选择相信某一个，而整合思维强调：你的头脑中这两种看起来相反的观点应该同时存在，在这个基础上，你还能正常思考、判断、做决策。

主题式学习和整合思维融合在一起，能让我们有更强的分析思考能力，更不容易偏听偏信，这样就能慢慢实现"独立思考"。主题式学习和整合思维联合在一起，独立思考更容易发生。

有兴趣的朋友可以看看《整合思维》这本书，它可以帮助你提升主题式学习的能力。

广度：如何学到书本上没有的知识

说到学习，我们最容易想到看书、听课、上网搜索这三件事，这无可厚非，但是也不能忘记了：我们身边的人、事、物中也蕴藏着知识和智慧。参透书可以帮助我们改善人生，参透生活也能起到这个效果。

曾经有一段时间，我非常痴迷于钻研书籍，疯狂听课，但感觉自己陷入了学习的误区。不是只有写在纸上的东西才叫知识，生活本身就是一本"书"，蕴藏着无尽的道理，而且跟书本不同，这些道理鲜活无比。

杨绛先生曾经说过："世态人情，比明月清风更饶有滋味；可作书读，可当戏看。书上的描摹，戏里的扮演，即使栩栩如生，究竟只是文艺作品。"

翻开生活这本书，让真实的生活成为一个重要的信息获取渠道。这是我做过的非常正确的一个决定。

如果要学习如何管理团队，不只要看管理方面的书籍，还要开始观察自己的团队，想想那一张张鲜活的面孔，甚至还要观察其他管理者和他们所带领的团队，看看他们是如何做管理的，管理方法跟自己有什么不同，有哪些地方特别值得借鉴。在观察中，我们就能学到非常多鲜活的管理经验。

如果要学习如何做好亲子沟通和亲子教育，就要开始观察自己的孩子，看看他现在的需求到底是什么、到底喜欢什么，看看灌输式的教育是不是真的能培养孩子的思维，听听他们自己的想法。孩子会教会我们很多，他们也是我们的老师。

如果要学习商业思维，不要只学商学院里的案例，多看看周围正在发生的行业变迁，看看消费者习惯到底发生了什么改变，不同行业里的商战到底是如何进行的，那些快速崛起的公司到底做了什么与众不同的事情。这些进行中的商战会带给你不同的思考。

如果要学习如何快速成长，除了看书，还要观察周围的优秀之人，看看这些人是如何做事的，有什么独到之处，是如何学习的，都在学习什么，学习方法有没有不同于自己的地方，是如何思考问题的。这些优秀之人就是一本本值得研读的书。

书本不是知识的唯一来源，真实的生活也是。

生活中的人、事、物都值得花时间琢磨，他们是一种新的智慧源泉。

提炼案例法、反馈分析法和好坏对比分析法是从生活中获得智慧的三个重要手段。

提炼案例法

我们要学会观察生活中的人、事、物。但光观察是不够的，我们必须要进行分析，并且把我们的分析结果写成案例。从生活中提炼案例是非常有效的获取知识的手段。

这些案例来自生活，比很多书上的案例要更加鲜活生动，而且有了自己的切身体会和亲眼观察，也会让自己未来使用这些案例时更加得心应手。

举个例子，疫情期间，外卖都不能送到楼上。很多写字楼外都放了置物架，以方便骑手把快递和外卖放到上面。我自己中午也经常需要点外卖，我发现有一件事情令人很痛苦。我们公司楼外有两个架子，每个有五层，我每次都要就"这份外卖到底放在哪里了"和外卖员沟通好久，每次都要在外卖架子上找好久。一堆人围在架子前，上下翻找，现场拥挤不堪，效率极低。很多人在疫情期间都有类似的经历，但是却没有意识到这是一个"生动的案例"。后来我就开始认真观察为什么会产生这个现象，思考如何能够改变。后来大楼物业的做法给了我灵感。大楼物业觉得这样确实不是办法，就在两个架子上贴了标记，一个架子上每层标记 1、2、3、4、5，另外一个架子上每层标记 A、B、C、D、E。自从这些标记贴出来之后，现场的混乱状况马上就有了缓解。外卖员跟我沟通时直接说"放在C层或4层"就可以了，我到楼下可以快速到对应的位置找，省去了不少时间。这件事情让我意识到：很多混乱都是信息不够明确导致的，特别是在多人沟通的场景，信息最好能被定义清晰、描述准确，这会节省大量的沟通时间。

但是我后来发现取外卖的问题还没有完全解决，有些外卖员看到了标识，有些没有看到，没有看到的外卖员跟大家的沟通依然是混乱的。如果要进一步优化，那些贴上去的标识应该做得足够显眼，让外卖员一眼就看得到。所以，信息不但要明确，还要足够显眼。我们仔细想想，很多工作中出现的沟通问题，其背后都有类似的原因：信息不够明确，重要信息不够突出。比如很多管理者总觉得下属做的事情达不到自己的要求，其实可能不是因为下属能力不足，而是因为指令不够明确，双方沟通出现了问题。

当认真观察和分析完这个案例后，我就把这个案例写了下来，并留存在自己的笔记里。后来在几次沟通培训中，我都用上了这个案例，由于听众都有切身体会，效果很好。

生活中从来不缺乏优秀的案例，只是缺乏发现它们的眼睛。

认真观察，认真分析，认真写成案例卡片。

这个过程让我收获了非常多独特的经验。

生活的道理藏在一件件事情的背后，不翻开这些事情，我们很难找到最终的答案。

但是千万别忘了，不要让分析只停留在自己的大脑里，要把这些分析写下来。

反馈分析法

现实生活跟书本上的知识有一个非常大的不同之处，现实生活中的事情是动态变化的。很多书本上记录的知识，比如历史事件，都已经尘埃落定，但现实不是这样的，依然有太多的未知和不确定。

今天看着很好的事情，可能明天就变成了坏事情；今天看着发展不好的公司，突然就扭转乾坤，一飞冲天。

正因为如此，跟现实学习能非常好地提升我们的"判断能力"，这是学习书本上的知识很难达到的效果。

要想利用现实真正提升判断能力，我们需要使用一个方法，就是德鲁克说的"反馈分析法"。

德鲁克在《21世纪的管理挑战》第6章"自我管理"中写道："无论做出什么样的关键决策，采取什么样的关键措施，我们都要写下我们希望看到的结果。9~12个月之后，我们就可以将实际的结果与预期的结果进行对比。到现在为止，我采用这个方法已经有15~20年了。每一次对比都使我大吃一惊。每一个采用这个方法的人也有同感。"

写下判断，并在未来将真实的结果与之前的判断进行对比。这就是反馈分析法的精髓。

为什么要把判断写下来？

因为我们的大脑不喜欢冲突，喜欢和谐。如果当时我们做出错误的判断，几个月之后事情跟自己的判断不符，我们的大脑并不会真的准确记录当时的判断，反而可能潜移默化地告诉自己：之前我其实也是这么想的。大脑不认账，这就形成了纠偏的障碍。修订错误的前提是意识到错误，如果大脑不认，纠偏动作就很难发生。

想在生活中学习，一定要把自己的决策和判断记录下来，文字能完整保留我们真实的判断，这样我们才能看到哪些判断出了问题，才有机会去分析为什么当时做出了错误的判断，影响我们判断的原因是什么。这样的分析能有效提升我们的判断力。（见图 1-8）

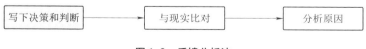

图 1-8　反馈分析法

如果想提升自己对商业模式的分析能力，就应该在一个企业发展初期写下自己的预判，并且最好能同时写下做出这些预判的原因，然后与现实对比，看看自己的预判是否正确。比如你可以尝试预判拼多多未来的走势。这个过程可以帮助我们提升商业预判能力。

如果带团队时想提升自己对人才的辨别能力，就可以在面试时写下对某个人能力、工作表现和发展空间的预判，同时写下判断的依据，过一段时间看看这些预判是否准确。如果偏差比较大，就要勇敢承认自己在识人上可能遇到了一些问题，及时分析原因，进行纠偏。这样的练习做得越多，我们的识人能力就会变得越强。

如果你正在做一个工作规划，你就尝试把预期的结果都写出来。当计划执行完，就可以和之前自己的预估做对比，看看哪些结果实现了，哪些结果没有实现。这样我们就能够更有效地做复盘，认真分析造成这些偏差的原因是什么。这样的分析看起来简单，但非常有效。如果能坚持两三年，你的工作能力会有大幅提升。

这个训练往往不是几周的训练，也不是一两个月的训练，而是以年为单位的。由于时间周期过长，我们可以专门设置一个"预判文件夹"，在里面写下各种各样的判断，这样可以提升训练量，避免一年过去了，只能纠正一个判断。

为什么反馈分析法高效？有效的学习需要有效的反馈，但传统的反馈往往依赖"师父"这个角色，你身边要有高人在必要时对你进行指点。能遇到愿意指点你，给你反馈的师父是一个人的福分，但不是每个人都能在需要的时候遇到一个愿意为你付出的师父。这个时候怎么办？反馈分析法提供了一个新思路，没有"师父"就创造"师父"。让现实给我们当师父，让现实给我们反馈。反馈分析法的厉害之处就是自己创造了"反馈",我们快速学习的可能性就变大了。

好坏对比分析法

在现实中学习,很多人都奉行一个方法:向优秀者看齐。

向优秀的人学习,可以让自己进步得更快。向优秀的团队学习,可以让团队进步得更快。向优秀的企业学习,可以让公司进步得更快。向"优秀者"学习,真的是最佳的学习策略吗?

对不起,在这里我要唱一个反调,像优秀者学习未必是最佳的策略。很多情况下,你都学了皮毛,而没有学到精髓。真正的学习要学到"精髓",而不是在"表象"上反复浪费精力,否则最后很有可能是东施效颦。

这里我们要用到一个重要的工具:好坏对比差异分析。

好坏对比差异分析要求我们既不是单纯地分析做得优秀的人的行为,也不是单纯去分析做得差的人,而是对两者都进行分析,同时对比两者行为之间的差异。也就是要对比做同样一件事,优秀者和普通者的行为差异,这个差异往往才是关键所在。这些关键行为才是我们要学习的精髓。

石田淳在《是员工不会做,还是你不会教》这本书中讲过一个非常典型的餐厅案例。我们想分析服务员给客人点菜时应该做什么,就可以使用"好坏对比差异分析"这个工具,同时研究能带来更多业绩的优秀服务员和表现一般的服务员的行为，然后对两者的行为进行对比，通过对比找到服务员给客人点菜的关键行为所在。经过调研，作者在书中呈现了一个对比分析表格：左列为普通服务员的行为，右列为能提升业绩的优秀服务员的行为。（见表1-5）

表1-5　找出"关键行为"

普通服务员的行为	提升业绩的服务员的行为
对进店的客人说"欢迎光临"	对进店的客人说"欢迎光临"
询问进餐的人数	向客人确认就餐人数："三位对吗?"
询问是否需要无烟座位	询问是否需要无烟座位
把客人领到座位前	把客人领到座位前
准备与人数相等的茶水和毛巾，连同菜单一起拿给客人	准备与人数相等的茶水和毛巾，连同菜单一起拿给客人
为每位客人分配茶水	为每位客人分配茶水
为每位客人分配毛巾	为每位客人分配毛巾
递上菜单	递上菜单
对客人说"等您决定好了再叫我"，然后退下	向客人推荐本店招牌菜后退下
为客人点菜	为客人点菜
把做好的饭菜送到客人桌上	把做好的饭菜送到客人桌上
客人需要时为其添加酒水	看到客人水杯/酒杯快空时就上前询问是否要添加
推荐餐后甜点或饮料	推荐餐后甜点或饮料

学习学习

通过对比，我们能看到其中有三个标记了颜色背景的行为是两者行为差异所在。

- 向客人确认就餐人数："三位，对吗？"
- 向客人推荐本店招牌菜后退下。
- 看到客人水杯／酒杯快空时就上前询问是否要添加。

作者在书中写道：

> 那位给餐厅带来好生意的服务生的与众不同之处就在于这三点："及早把握来客人数""推荐餐厅招牌菜""用餐过半后借由添加酒水跟客人进行交流"。这些都给客人留下了好的印象，让他们吃得顺心，追加点单的可能性自然就高了。

通过好坏差异对比分析，管理者就能找到问题真正的关键，后续的培训才能更加有的放矢，而不是表面上的面面俱到。

管理团队如此，个人成长也如此，都要学会好坏差异对比分析，这样的学习才能让我们找到关键行为。

用好这个学习工具，你对现实的观察会更加到位。

要学习如何落实企业愿景和文化，就看看做得好的企业和做得差的企业的行为差异是什么，从而找到落实企业愿景和文化的关键行为。

要学习如何制作宣传语，就看看优秀宣传语和比较差的宣传语的差异是什么，找到这个差异，你就找到了制作宣传语的精髓。

要学习如何制定战略，就看看好战略和坏战略的差异是什么，找到这个差异，你就能找到制定战略的关键要素。理查德·鲁梅尔特是著名的战略家，麦肯锡公司将其形容为"战略中的战略家"。他写过一本著名的书《好战略，坏战略》，这本书可以说是应用好坏差异分析的典型。通过对好战略和坏战略进行比较，鲁梅尔特找到了制定战略的核心法则。

知识管理：
好的工具，让你事半功倍

知识输入 ▶ 　**卡片管理** ▶ 　构建体系 ▶ 　实践应用 ▶

本章我们主要讲解四大模块中的第二个模块"卡片管理"。这个模块里包含两个核心动作：写卡片和分类卡片。管理这些卡片，就是管理自己的思考。管理这些卡片就是在做高效的知识管理。

　　很多人虽然看过很多知识，但是不知道如何记笔记，如何整理这些知识，做不好知识管理，知识输入环节学到的内容就无法被高效吸收。知识管理做不好，想调用一个知识点都很难找到，更不要提应用了。

　　学过的知识一定要进行管理，本章我们会通过"卡片管理"这个简单易行的动作帮助你升级知识管理水平。

写作让思考变得简单易行

我们把写作想得太神圣了。

一旦把写作的位置捧得特别高，我们就不敢轻易下手，觉得自己水平不高，写不好就是在亵渎文字。就好像进入了一个神圣的寺庙，你不自觉就不敢大声喧哗，你感觉到一种无声的力量，你的内心充满了敬畏，敬畏中隐藏了太多的不敢。

不敢尝试，不敢越格，不敢犯错，不敢丢脸。

这些不敢是一根根"捆仙绳"，孙悟空都要惧怕三分的捆仙绳用在我们凡夫俗子身上，更是把我们捆得紧紧实实，动弹不得。

是时候想一想：在成长中，我们不过是要把自己的思考写出来而已，真的要有写成名篇的水平，我们才有资格思考吗？

写不出《红楼梦》，就不配做梦？

写不出《水浒传》，就不配闯江湖？

我特别喜欢美国作家娜塔莉·戈德堡的《写出我心：普通人如何通过写作表达自己》中的一段话，在此你我一起共勉。

我觉得，并不是人人都想写出美国最伟大的小说，但是人人都有想把自己的故事讲给别人听的愿望——或者在碌碌一生中，对我们所思、所感、所见、所闻的一种记录与觉悟。写作是一条小径，让我们得以在小径中和自己相逢、相知、相守。我们可以试想，大千世界所有众生，"卵生"的虫蚁不会写作，"胎生"的猫、马不会写作，"有色"的草木，"无想"的石头，都不会写作。写作是人类特有的行为活动，是固定在人类 DNA 中的特质。就像被"写"下的《独立宣言》和其他不可被剥夺的人权一样：我们拥有生命、自由、追求幸福，以及写作的权利。

而且，写作是件不需要太多物质条件的事情——你只需要有最普通的一张纸、一支笔（或者有人习惯用电脑敲字），加上你的想法，就可以解决问题。

要想运用好"写做合一"，我们要调整对"写作"的预期，目标不是用写作来创作传世的名篇，而是用写作进行思考。

通过写作，我们把头脑中模糊的思考誊抄在纸面上，这样就有机会与我们的思想直接会面，就能与自己的想法沟通，增进对彼此的了解，互相帮助。

当我们写得越来越完善，头脑中的思考也就变得越来越完善。

写作不是出书，写作就是思考本身。

有一天你的思考足够强大了，写出来的思考就是一本书。写书是一个自然的结果，而不是一个强求的过程。

用写作来思考

美国作家约瑟夫·科纳尔说："写作只有两件难事：开始写，不停手。"

开始"用写作来思考"时，不要在一开始关心自己的措辞是否高大上，文采是否足够飞扬，你就关心两件事情：

- 有没有做到"开始写"。
- 有没有做到"不停手"。

"开始写"意味着你开始思考了。有想法时，开始写；做事情时，开始写。开始写，就是开始思考，写得越多，思考得越多。不写，知行合一就很难发动起来。

"不停手"意味着你不是一时兴起，不是雷声大雨点小。把写作变成自己的一种习惯。当写作变成习惯，思考也就成了习惯。这个习惯对于知行合一的落地太重要了。在"写做合一"的思路里，写作一停，思考就停了，思考一停，知行合一就停了，快速成长的通道就开始慢慢关闭。

至于写作的文笔反而不是一开始真正值得关注的事情，你写的就是你的思考，当你的思考变得越来越强，慢慢地，你写的文字就自带深邃感，这不是强求而来的，而是能力逐渐提升之后自然产生的。

约瑟夫·科纳尔总结的两个写作难题"开始写"和"不停手"还真是很精辟。如果不能开始，想得再多也没有用，如果中途放弃，自然也会不了了之。

但是，这里必须要加一个"但是"。

不知道你有没有觉得，这句话说得对，但是又好像什么都没说？

因为这两句话并没有真正告诉我们：

• 如何能开始？

• 如何能更容易不停手？

对于这两个问题，我们要进行一些更深层次的思考。

有的人可能会想，"开始写，不停手"，这个要求本身就不低吧！

这就好像你要求我跑步，就两条：开始跑，不停跑。看似简单，但一想到要年年月月坚持不停地跑，我都觉得自己没有这种勇气和毅力。

这要求也太高了。

细想想，这样的想法也有道理。

生活特别有趣，有的时候就是这些忠告反过来吓到了我们。

"不停写"三个字让写作在我们心中变成一种艰苦的、长期的修行。我们的头脑中就会浮现出一大堆可怕的词，比如困难、艰苦、长期、重大。坚持写作在我们心中不是在小区里溜溜弯，而是要跑一场马拉松。科纳尔的忠告似乎不但没有指明道路，反而加重了我们的心理负担。就好像小时候读书，老师总告诉我们"学海无涯苦作舟"一样，这样的话不但没有激励人，反而在孩子心中埋下一颗种子：学习是无趣的、苦闷的，而且更糟糕的是，这种苦行是没有尽头的。

可能还有一类人会说：你说的害怕，我没有。不就是马拉松嘛，有什么了不起的。我不是平庸之辈，我意气风发，我摧枯拉朽，我不惧怕写作这件事。"开始写，不停手"，我能做到。

但现实真的很喜欢打脸。

我们紧咬牙关，告诉自己：这一次我能行。我要坚持下去，做一个有毅力的人。前几天我们热情高涨，过几日发现整个目标不过进展了 1%，心中想到后面那长长的进度条，悲从中来。看着镜子中的自己，怎么也看不到一个"毅力大师"的形象。

最后过不了多久，我们会告诉自己，算了吧。然后再过一段时间，我们会找到各种理由跟自己和解：

我可能天生就不适合写作，我但凡有一丁点天赋，都能坚持下来；

不学写作也没什么，生活依旧，成长慢一点也没什么不好的，我喜欢节奏慢的生活；

以后有机会我再尝试，最近太忙了，我并没有真的放弃，只是最近没有时间，等以后有时间，我会重新开始的。

我们的行为似乎会进入一种特定模式，流程大致如图 2-1 所示：

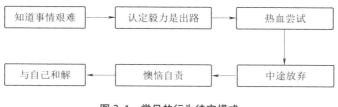

图 2-1 常见的行为待定模式

这个模式有没有熟悉之感？

我们交过费的健身房真的能坚持去半年吗？是不是回头一算，用总共的花费除以去的次数，自己都没有想到会进行这么昂贵的健身？

我们经常一遍遍重复上面这个模式，然后怪罪自己没毅力，但是很少去反思这个模式自身的问题。

不要以为毅力是一切事情的答案。这个模式最大的问题不是你没有毅力，而是你认为"毅力"是唯一的出路。

我们总是轻易认为：一个人能坚持做一件事情，肯定内心极其强大，遇到各种事情都不动摇，遇到困难也不退缩。你越是这样想，越有可能导致内心压力过大，自我否定，甚至放弃。

汽油可以帮助汽车前进，但并不是汽车唯一的选择，有的车可以使用电。

我们需要转变思维，我们真正需要的是"持续写下去"这个动作，而不是毅力。毅力可以帮助我们"持续做下去"，但并不是唯一的办法。就好像一个人发愁：徒步走到上海太难了！他天天质问自己："怎么坚持？我有这样的毅力吗？"但他没有想明白的是，他的目标是到达上海，那为什么一定要徒步呢？如果选择坐火车，要做的事会简单很多：买票，按时到车站，按时上车，仅此而已。跟走路比起来，坐火车到上海并不需要那么考验你的毅力。

如果你能把要做的事情转变为不那么考验毅力的做法，或许坚持反而会容易很多。

殊途可以同归，如果我们选择的道路本身就不属于困难模式，通关的概率就会更大一些。

遇到需要持续做的事情，不一定要先问自己是不是有毅力，可以尝试改变一下问题，问问自己：有没有一些做法可以不那么考验我的毅力？

我个人建议寻找做事方法时可以尝试下面三个筛选标准。

- 标准 1：这个方法相对比较容易，本身难度没有那么高，自己做的时候不容易犯怵。
- 标准 2：这个方法对毅力的要求没有那么高，这样自己内心的压力就没有那么大。
- 标准 3：这个方法也比较有效，能帮助我们达成目标。

这样的做法才是我们苦苦寻找的答案。

如果能找到这样的行为，毅力就变成了加分项，本来这些行为就比较容易坚持，再有一点毅力，就更容易持续做下去。

以我个人为例，"锻炼"一直是我的短板。我自己也给健身房交过学费。每次一想到锻炼就感觉要动用很多神经来劝服自己，这样下去，我的体育锻炼计划估计很难坚持。后来，我自己就尝试转变思路，看能不能找到什么事情相对没那么难坚持，又能达到锻炼的效果。后来，我还真找到了一个自己比较能接受的方法：骑自行车上下班。找一辆自己比较喜欢的自行车，选择一条自己比较喜欢的路线，每天正常上下班，不用努力说服自己，不用疯狂鼓励自己，心情还很愉悦，不用压抑本能。骑了一年，我发现这非常容易坚持，还让我有更多的自由。不用因开车遇到堵车而心烦，不用在早高峰担心能不能打到车，不用担心地铁上的拥挤，时间自己可控，上下班的时候说走就走。当我选择了骑自行车上下班，体育锻炼变得很轻松，不需要额外为锻炼安排时间，不需要说服自己走进健身房。这就是相对不考验毅力的做法。

所以，当我们想用写作来思考时，我们要找到简单易行的办法，这样才不需要靠毅力来坚持。

这样的方法会是什么样的呢？

掌握"大事化小"的本事

前文我们就提到，想炒菜要学会先切菜。我们要学会大事化小。

想通过写作来思考，大事化小的方法就是将写文章变成写卡片。有了卡片，以后再写文章才会容易很多。

在开始阶段，写卡片与写文章相比，需要的毅力要少很多。你很少看到普通人拍 2 小时的电影放到网络上给大家看，但是快手和抖音上会有大量的短视频被创作出来。短视频比电影容易创作，卡片比长文容易书写，两者道理相通。当你开始创作简短的卡片，你会发现写作这件事情其实离我们根本没有那么遥远。

卡片让书写离我们更近，于是思考就离我们更近。

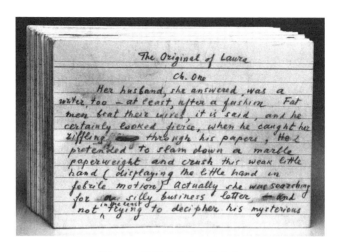

图 2-2　纳博科夫的写作卡片

图 2-2 展示的就是作家纳博科夫平时写作的卡片，这是一张手写卡片，我们平时也可以使用电脑记录卡片，不需要写成纸质版本。其实一张卡片上的内容并不多，我们想到一个点子就可以记录成一张卡片。几句话就可以构成一张卡片，卡片上文字的长度可以很短。

运用好卡片，写作就被大事化小了。

写作这件大事被化小，思考就更容易发生。

很多人都会说自己没有毅力写作，但是把他们一年内发的朋友圈和微博的文字累积在一起，数量往往是惊人的。

有了卡片，大事已经化小，但是我们还要进一步做到"小而再小"。

现在如果要你马上写一张思考卡片，你可能会大脑一片空白，无从下笔，发现自己连一张卡片都写不出来，就会很沮丧。我的建议是：不要在一开始"从无到有"创造卡片，而是让自己先去阅读或听讲。在这个过程中，你会收集到很多有用的素材，在这些素材的基础上再进行思考和书写，会发现完成写卡片的难度低要很多。

先坐缆车到半山腰，再爬后半段，要比从山脚直接一路爬到山顶容易一些。

先吸取别人的智慧，再把思考写成卡片，我们把这样的写作方法称为"有素材的卡片写作"，这就是升级版的"卡片写作思考法"。如果需要，在收集素材的基础上，再进行一点搜索，一张卡片更容易完成。（见图2-3）

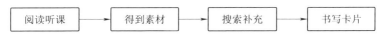

图 2-3　有素材的卡片写作法

接下来，我们做一个案例展示，这样你能更直观地体验到整个卡片创作过程，确实感受到它的魅力，看看卡片如何让写作变得简单，进而让思考变得简单。

假设你最近想提升自己的思考能力，为此正在阅读一本书《为什么精英这样用脑不会累》，你读到了下面这段话：

　　　　　　　　　　　　　　　　学习学习

只要对生活方式稍加改变，就可以使"幸福感"爆棚

"运动"是刺激多巴胺分泌最为简单有效的方法

前面为读者朋友们介绍了各种刺激多巴胺分泌的工作方法，但也许还是会有人说："那些方法太麻烦了！""就没有更简便易行的方法了吗？"在这里，我就为您介绍一种更加简单的刺激多巴胺分泌的方法，那就是"运动"。

A10神经分泌的多巴胺量最大，不过A9神经也可以分泌多巴胺。A9神经是从黑质致密部投射到大脑基底核（尾状核、纹状体）的神经路径。A9神经与人体的运动有着紧密的联系。科学家们已经查明，运动可以促进多巴胺的分泌。每天下午4点到6点这个时间段，我都会到体育场运动一会儿。运动结束后，再去私房菜馆写稿子。一般来说，到了傍晚这个时间段，人的大脑已经疲惫了，完全不适合搞创作。但我写稿子是在运动之后，虽然身体很累，但头脑非常清醒，有点像早上刚起床时的状态。在养成傍晚锻炼的习惯以前，我认为高强度的运动之后不适合进行写作这种创造性的工作。但实际操作之后，我发现自己完全想错了。通过运动，不仅可以促进多巴胺的分泌，还能促进乙酰胆碱的分泌，而乙酰胆碱就有助于提高我们的专注力和想象力。运动还能激活体内的血清素。另外，稍做些高强度的体育锻炼，能促进有着

"脑内毒品"之称的内啡肽的分泌。连续做 30 分钟以上的有氧运动，我们体内便开始分泌促进脂肪分解的生长激素。上述各种效果综合在一起，就让我们的头脑在运动之后变得十分清醒、敏锐。当然，其中多巴胺的作用尤为重要。慵懒，什么也不想做，做什么都提不起劲来。处于这种状态的人，大多也都运动不足。先不说运动对身心健康的重要性，单从提高工作积极性这一点来说，我也建议您平时要坚持适量运动。

你可能发现一个很好的观点：运动可以让人开心。做什么事情都提不起劲的人大都运动不足。

此时，关于情绪控制我们就有了一个思考的起点，在此基础上整理自己的思考就会更容易。同时，我们还可以在知乎等网站里搜索"运动和心情"的相关内容，再收集一些信息。可能你又会搜到一段这样的内容：

朱莉娅·巴索是弗吉尼亚理工大学人类营养、食品和运动系的高级研究员，她表示，在运动过程中收获最多的人，他们认知能力的改善程度也最大，也就是说，高强度的锻炼能带来认知上的提高。而且，无论是散步这样的低强度运动，还是举重和高强度间歇训练，都会让人情绪变好。

此时，你就可以动笔了。

在这些素材的帮助下，写下一张思考卡片。

整张卡片可以分为标题和正文两部分，引用的部分要标注好出处。

卡片标题：心情不好的时候，运动一下。

卡片正文：人生总有不顺利的时候，我们可能有一段时间经常不开心。我们很想开心，但是可能找不到什么好的办法。甚至会想，这些烦心事都没有解决，自己怎么可能开心起来。其实，我们把开心这件事情想得过于复杂了。

"运动"是刺激多巴胺分泌最为简单有效的方法。——《为什么精英这样用脑不会累》

想要开心，我们需要多巴胺，而运动又是刺激人体产生多巴胺的高效手段。

不管烦心事能否解决，遇到不开心的事，最好运动一下，整个人的状态就会有所改善。

《为什么精英这样用脑不会累》这本书中还提到，人干什么都提不起劲的时候，往往也都是运动不足的时候。别把改善心情想得那么困难，别总是纠结于事件本身，先运动起来。

心情好起来，才有心力去处理烦心事。这样大脑思考的能力都会变强。

不用纠结于运动形式，找一种自己喜欢的动起来。就像朱莉娅·巴索（弗吉尼亚理工大学人类营养、食品和运动系的高级研究员）说的那样："无论是散步这样的低强度运动，还是举重和高强度间歇训练，都会让人情绪变好。"

得到素材，书写卡片，这样的思考方式简单易行。

一张张卡片就是一次次思考的结晶，你的思考开始有形化，后续再加工也更方便。如果思考不写成卡片，之后可能都会被忘掉，忘了又怎么会用到呢。

好记性不如烂笔头，好思考不如写卡片。

整理卡片的过程并不会多累，你也不用纠结于文笔是否足够好，关键在于你开始动笔了。写完一张卡片之后，你也很有成就感。有素材之后就动笔写一张卡片，过一段时间回看，你会惊讶自己竟然能写这么多卡片出来。

而且在上面的例子中，你确实得到了一个简单易行的调节心情的方法，如果以后自己心情不好，不要着急解决问题，先运动起来，心情马上就会好很多，于是更有精力去解决烦心事。

改变自己不需要一本书，简单的一张卡片就可以让"知行合一，写做合一"运转起来。

写卡片很简单，效果又很奇妙。写卡片是知行合一的发动机。

"积小成大"的奇效

当你写出了很多卡片，这些卡片之间的联系会给我们带来新的可能。

读过《围城》的人可能没有注意到下文这个片段，这段里面其实就提到了卡片法。

> 李梅亭忙打开看里面东西有没有损失，大家替他高兴，也凑着看。箱子内部像口橱，一只只都是小抽屉，拉开抽屉，里面是排得整齐的白卡片，像图书馆的目录。他们失声奇怪，梅亭面有得色道："这是我的随身法宝。只要有它，中国书全烧完了，我还能照样在中国文学系开课程。"

李梅婷读书后写下来一张张卡片。有了这些卡片，就能够开始组合，组合这些卡片能让我们更容易写出长文，长文就是长思考。卡片越多，这种组合越多，思考就由小变大，由短变长，这就是"积小成大"的效果。

卡片组合能放大卡片的威力，也就放大了思考的威力。

作家纳博科夫特别擅长利用卡片来进行创作，对于自己的创作过程，他是这样总结的：

> 我现在发现索引卡片真的是进行写作的绝佳纸张，我

并不从开头写起，一章接一章地写到结尾。我只是对画面上的空白进行填充，完成我脑海中相当清晰的拼图玩具，这儿取出一块，那儿取出一块，拼出一角天空，再拼出山水景物，再拼出——我不知道，也许是喝得醉醺醺的猎手。

如果想更直观地理解卡片组合的威力，就想想乐高这种玩具吧。

当你拥有了足够多的乐高模块，你就可以用这些"模块"来拼装各种有趣的玩具，拼装的过程就是一次再创作。这背后就是重要的"分拆与组合"思维，当你写的卡片越多，组合的次数越多，你的创作能力就会越强。

将卡片进行组合，就是你的认知再升级的过程。你的思考变得更加简单了。

学习的时候写卡片，压力小，好操作，一张小卡片就是一次小思考。

有了更多卡片后，开始尝试组合这些卡片，把小想法拼接成大想法。

平时的思考变成书写一张张卡片，而升级思考就变成卡片的组合与连接，而且这些组合本身往往会带来很多新的创意。不同卡片放在一起会让你看到很多意想不到的观点，在组装的过程中，不同的卡片会神奇地产生关系，发生化学反应，让你产生新想法。

突然间，你会发现：在工作中，你成了一个很有创意的人。

以前在梳理业务思考时我就用过类似的方法。先是听内部运营高手的分享，记录了一大堆卡片。接着观察行业里的同行，再把思考记录成一堆卡片。除此之外，我还开始观察其他行业的运营做法，又记录了不少卡片。感觉每天记录一两张卡片并不多，时间一长，总的卡片数量就变得可观。后来我回顾这些卡片，慢慢地，这些卡片之间的关系开始变得清晰，一些卡片可以组合在一起，新的业务管理思路开始产生。比如根据计算机的模块与组合思路，我们升级了业务人员培训的思路。以前我逼迫自己工作时要有创意，却总想不到好主意，现在在卡片拼接的过程中，好点子会自己浮现出来。

这些卡片，成为我升级工作思路的宝贝。

而它们又如此简单。

在卡片的帮助下，写做合一变得简单易行。

如何在学习时比别人得到更多的收获

写知识卡片，而不是做摘要笔记

这里要做一点提醒：通过写作来学习，和传统意义上的"记笔记"并不完全相同。

假如你现在正在听一个大师的课程，"记笔记"更强调的是有条理地记录下大师的讲解内容，你可能做不到字字不落，但基本的要点是要记录清楚的。这样的笔记更像是一堂课或一本书的"摘要"。

我们从小到大，记过非常多这样的摘要笔记，而且读书的时候，谁的笔记要是记录得特别工整，还会得到老师的表扬。能这样认真记录的学生，学习时肯定是极其认真的。这种认真自然是值得夸赞的，但却不是我们在这本书中要强调的重点。

不少人都被"笔记"这两个字带偏了，把重点放在了

"记"上，认为笔记主要是用来"记录"，记录别人说过的话，记录自己说过的话等。但实际上高效的工作笔记不是为了"记录"，而是为了"思考"。

> 我们平时要多写"思考笔记"，而不只是把别人的话写在纸上而已。
>
> ——大岛祥誉《麦肯锡笔记思考法》

打个比方，摘要笔记很像旅游时"到此一游"的合影留念。这些"照片"能完成"到此一游"的证明，如果我们记得认真，记了很多本，还能产生强烈的成就感。但只是到此一游，拍拍照，并不能完成对当地风土人情的深层体验。同样，记录再多别人说的话，也不能代替自己思考。我们不要被自己这种低端勤奋轻易打动。

当然，这种笔记自然也不会一无是处。其最大的价值就是用来"回忆"，能有效帮助我们回忆别人讲过的要点。但是必须清醒地认识到：记忆其实是比较低级的学习。会背诵唐诗并不是非常高级的文学素养。单纯的记录并不能让你掌握得更好。我们需要做一些改变，好让自己的学习再上一级台阶。

> 对我来说，所谓的笔记术并不是用来记下别人说的话，而是用来整理自己的思绪。
>
> ——大前研一

这就意味着我们这次所说的"写"和之前常用的"笔记"不完全是一个东西。

从现在开始，不要把一本书记录成一篇长长的笔记，而是要书写一张张"知识卡片"，这些卡片最好让别人看完也能获益。

图 2-4 展示的是我看完《高绩效教练》这本书后整理的卡片，一个主题的卡片我会放在这本书的子文件夹下面。

> ❖ 个人知识管理 〉 ☰ Inbox 〉 ▦ 2.素材卡片 〉 ▦ 1.读书笔记 〉 ▦ 高绩效教练（原书第5版）   32

▨ 教练核心-觉察和责任担当   11 〉
▨ 教练技能-激发人的意义和目的   4 〉
▨ 教练技能-减少外在干扰和内心阻碍   5 〉
▨ 教练技能-精益绩效   2 〉
▨ 教练技能-倾听   7 〉
▨ 教练技能-提问   21 〉
▨ 教练技能-团队教练   11 〉
▨ 教练技能-相信学生的潜能   5 〉
▨ grow模型   31 〉
☐ 案例卡：滑雪教练和网球教练的不同
☐ 案例卡：什么是教练-用抽象的概念介绍新概念
☐ 案例卡：运动员培训教练的角色已经发生了变化
☐ 方法卡：通过会议场景体验什么方式会更好
☐ 方法卡：通过活动体验人们的解读会影响自己的情绪，而不单纯是事件本身
☐ 方法卡：通过一些"可视化"的活动来进行"自我教练"
☐ 观点卡：教练一定要养成全程记录的习惯
☐ 观点卡：四种常见管理行为：命令，说服，讨论和放权
☐ 观点卡：管理者可以通过战训和教练技术推动完成任务与发展员工相结合
☐ 观点卡：管理者要带领团队走向绩效曲线的更高层
☐ 观点卡：管理者要知道什么时候指导，什么时候指挥
☐ 观点卡：管理者在员工发展上花的时间过少
☐ 观点卡：教练和心理咨询的区别
☐ 观点卡：教练技术不能变成套路
☐ 观点卡：教练技术是一种很好的向上管理的策略
☐ 观点卡：教练与老师的不同
☐ 观点卡：开始做，本身就会产生学习
☐ 观点卡：领导者给团队的感受必须是支持，而不是威胁
☐ 观点卡：你抗拒的东西会一直存在，还不如直接面对
☐ 观点卡：学习的四象限，构成学习的阶梯
☐ 观点卡：有长期教练和激光教练
☐ 观点卡：在做教练过程中，最好自己记笔记
☐ 观点卡：找到不同管理模式的合理适用范围

图 2-4　《高绩效教练》知识卡片

一本书的学习形成了 120 张卡片，而不是一篇长长的摘要笔记。

这是一个看似简单，却非常重要的转变。

卡片帮助我完成了"承上启下"的工作。

知识卡片向上承接"输入"这个环节，所有的输入内容都必须整理为"卡片"。如果读完一本书，一张卡片都没有整理，那么这本书的实际输入就是零。如果读完一本书能输出 50 张卡片，读这本书的收获就变得可见。

知识卡片向下连接知识管理中的"管理"环节，让知识管理升级为"卡片分类"，而不是传统意义上的笔记整理。

这里还要强调一点，看到一个内容，有了感想或者灵感，马上开始书写，不要指望自己读完全书再慢慢整理，到时候一是懒得整理，二是想不起来当时的灵感了。

一旦有灵感，一定马上记。

等一等的最终结果就是："坏了，我忘了。"

灵感是一种需要趁热吃的美食，隔夜吃就不香了。

很多人对读书和写作之间的关系都有一种误解，以为两者是先后关系，先阅读，积累到一定程度，才能去写作。也就是把阅读和写作想象成了两节火车车厢，要分前后去连接。但实际上阅读和写作的关系应该像 DNA（脱氧核糖核酸）的双螺旋那样缠绕在一起，或者说形象一点就是拧麻花的感觉，我中有你，你中有我，不可分离。

边写边读才是真正的精读。

实践越久越发现，一本书其实不是看懂的，很多时候是"写"懂的。

就好像很多人说思考好了才能去写作，但其实写作本身恰恰是真正的思考过程，很多时候你通过书写才能想清楚，甚至才能意识到自己原来根本没有想清楚。

可能你会担心，有灵感马上就去书写会不会打乱自己读书的节奏，不能一口气把书读完。其实这是你的读书目标出现了偏差。快速读完一本书或听完一套课程，并不是学习的核心，关键在于我们获得了多少，而书写卡片正是在加强我们的收获。读完一本书能获得一些卡片，这本书就没有白读，不然即使一年读了 500 本书又有何意义呢？

知识卡片的双区结构

刚开始书写卡片时建议把内容"结构化"，这样方便以后调用。

一张好的知识卡片会被划分为两个区域。（见图 2-5）

上面的区域是卡片的正文，把思考和总结写在这个地方。如果需要引用原文就正常进行引用，并标明出处。

【讲解卡片】

ⅹ ⅹ ⅹ ⅹ ⅹ ⅹ ⅹ
ⅹ ⅹ ⅹ ⅹ ⅹ ⅹ ⅹ ⅹ

_____

【原文及出处】

ⅹ ⅹ ⅹ ⅹ ⅹ ⅹ ⅹ
ⅹ ⅹ ⅹ ⅹ ⅹ ⅹ ⅹ ⅹ

《 ⅹ ⅹ ⅹ 》

图 2-5　知识卡片的分区

　　下面的区域是素材来源的汇总，把原文内容和出处放在这里，方便之后查阅时能及时找到一手素材是什么。说不准将来你看到原文又有什么新的灵感迸发出来，如果不写原文，迸发新灵感的概率就会小很多。

　　上下区域中间可以用横线分隔开，这样就能在视线上清晰区分。

　　图 2-6 展示了我平时所使用卡片的真实样子。

图 2-6　知识卡片举例

这样的卡片结构有非常好的实用效果。一方面强迫我自己要通过书写来进行思考，另一方面保留了原文和出处，以后我在进行回顾时能及时看到最初让我思考的原文。思考往往是一种提炼，而原文有更完整的信息，配合使用，效果最佳。

这种卡片还有一个优势，即把传统的摘要笔记和个人感想融合在一起，既继承了传统笔记的优势，又融入了新的笔记方法，两全其美。

这里要重点注意卡片讲解区域的书写方式，也就是要重视卡片的上半区结构。

卡片要写给别人看，而不是给自己看。

一提到记笔记，我们往往还有一个潜台词：这是记来以后我自己看的。我们的笔记日后最重要的读者就是自己，因此可以记得随性、随意，甚至有些随便，反正日后自己也能看懂。但是当我们说利用写作来学习的时候，刚才的观点需要进行一点调整。

我们写东西的目的是给别人看。

这个观点乍听起来有点违背常识，自己写笔记，为什么目的是给别人看？这并不是说你写完的所有笔记必须拿给别人看，而是强调你书写时的视角。如果你以"给别人讲解"的思路来书写，往往可以把内容梳理得更有逻辑，更易懂。

讲解本身就是一种非常好的学习。

> "笔记思考"中最关键的一点是，不要以自己想要说的内容为主体，而应该以"能够让对方接受的内容"为主体。也就是说不要站在"传达"的角度思考，而应该站在"接受"的角度来思考。
>
> ——大岛祥誉《麦肯锡笔记思考法》

如果我们给自己整理内容，内容编排方式往往不适合给别人看。这会极大限制笔记的作用和价值。

假设我们自己要整理一个关于个人工作总结的分析，应把内容想象成是对别人提问的回答。用这种方式去整理你的内容，后期会非常容易调用。

如果领导在电梯里遇见你，问你现在主要都在做什么，这时我们该怎么回答呢？在电梯里，你可能只有一分钟左右的时间来回答这个问题，这该如何是好？

如果之前你的工作笔记都是记录给自己看的内容，这时就需要现场总结，马上说给对方听，这样难度过大，容易失败。如果你平时的工作笔记以"对方是否能听懂"的视角来整理就不同了，你可以把自己的工作整理成不同长度的介绍版本。

• 1 分钟版本：应对快速回答的情况。

• 10 分钟版本：应对有一点时间，但需要简单扼要说明的情况。

• 30 分钟版本：结合 PPT，进行比较充实的介绍。

如果你平时就做了这方面的整理，面对"电梯问题"就完全不用慌张，甚至可以做到对答如流。

> 没有什么临场发挥，不过是给别人看的卡片总结得比较多。

如果想让自己在工作中对各种问题都对答如流，不要只训练所谓的口才，最核心的关键是"平时多整理给别人看的卡片"。这样的卡片整理得越多，你的回答会越精彩。平时多整理，多温习，需要时就能脱口而出。

真正的高手不是临场发挥好，而是通过自己的准备让自己不需要临场发挥。

> 麦肯锡的笔记术在做笔记的基础上，还必须时刻保持"向第三者汇报"的意识。
> ——大岛祥誉《麦肯锡笔记思考法》

所以书写卡片的关键是：给别人做讲解，而不是给自己复习用。

人们经常说"为别人讲解书中的内容时，你才会真正理解它"。当你以思想输出为前提去读书，思想输入的质量也会有所提升，而且亲手写文章的好处比口头叙述要多。

举一个我看《华为团队工作法》的例子。当时我看到华为的核心价值观"以客户为中心，以奋斗者为本，长期艰苦奋斗"，突然受到启发。我发现这个核心价值观不只对员工提出了要求，也对企业自身提出了要求。于是我在卡片的思考部分写下了一段文字，这段文字就是以"给别人做讲解"的视角来写的，将来随时可以抽取出来进行讲解。

【讲解卡片】

很多企业都有"漂亮"的核心价值观，这些价值观往往都是企业给员工提出的要求。但是很少有人能想到企业的核心价值观也需要说明企业要如何对待自己的员工。

从这个角度看华为的核心价值观会有新的感悟：以客户为中心，以奋斗者为本，长期艰苦奋斗。

华为的"以客户为中心"，是企业对员工的要求，大家要关注客户，服务好客户，帮助客户解决问题。这是价值实现。

这句话很多企业都有，但是很少企业的核心价值观里有华为的第二句话：以奋斗者为本。

华为的"以奋斗者为本"，是企业对自身的要求。华为不但要善待客户，还要对得起自己的员工，特别是艰苦奋斗的员工，不让雷锋吃亏。这叫价值兑现。

如果员工完成了以客户为中心，企业就要做价值兑现，让员工分享利益，这才是"以奋斗者为本"。要分配利益、权力和荣誉。

"员工如何对待客户"与"企业如何对待员工"合在一起，才能构成一个闭环，很多企业的核心价值观都没有形成这个闭环。

【原文与出处】

华为的核心价值观：以客户为中心，以奋斗者为本，长期艰苦奋斗。

——《华为团队工作法》

这样就能形成一个别人可以看懂的知识卡片。

这样的卡片非常有助于之后的工作应用。要是我们整理了上面这张卡片，将来在工作中带领团队整理核心价值观，就可以随时抛出这段观点。

有备无患，工作更从容，人生更从容。

三种最实用知识卡片类型

为了进一步方便之后进行卡片整理，书写卡片时建议对卡片进行分类。

虽然提倡给卡片做分类，但不建议把分类做得太复杂，比如分成十几种。一旦分类过多，分类之间难免有很多交叉重叠，未来就会给我们书写卡片带来负担，自己也搞不清楚一张卡片到底放在哪一个分类下面最合适。

在尝试的早期，我曾经做过 17 类卡片的精细分类，当时很开心，觉得自己的分类简直太棒了。但是用了一段时间，不堪重负。后来通过精简，常用的卡片就主要分为三类：

- 观点卡
- 方法卡
- 案例卡

观点卡就是告诉人们"怎么想"的卡片。简而言之，观点卡侧重在"想"这个环节。我们读书时，如果看到一个发人深省的观点，就可以把它整理成一张观点卡；看到一个强大的分析模型，就可以把这个内容整理成一张观点卡；看到一个逻辑完善的推理，也可以整理出一张观点卡；看到一句名言，也可以整理出一张观点卡。未来，我们在书写文章时，一旦想说清楚应该怎么看待一件事情，就可以从"观点卡"中搜索内容，这样我们的搜索效率会高很多。

方法卡就是告诉人们"怎么做"的卡片。简而言之，方法卡侧重在"做"这个环节。如果我们看到一个可以用来帮助我们完善工作的工具介绍，可以制作一张方法卡；看到一个做事的小妙招，可以整理一张方法卡；看到一个解决问题的操作步骤，也可以整理一张方法卡。将来我们写文章梳理思考时，不但要讲清楚面对一件事情如何想，更重要的是要引导人们做。此时，我们就可以从"方法卡"中搜寻内容。

案例卡就是让怎么想和怎么做变得更加直观的卡片。案例卡中就放案例，可能是一个实验，可能是一个真实的商战事件，也可能是我们观察到的真人真事。在讲解"怎么想"或"怎么做"时，案例卡可以用来做展示，用具象的案例帮助我们讲解抽象的思想。案例卡其实平时不是特别好收集，需要慢慢整理。看书或听课时，如果发现特别好的案例，要及时整理成案例卡，以备后用；平时，我们还要保持对生活的主动观察，发现好的案例也要记录下来，整理成案例卡，通过个人观察得来的案例卡特别值得重视，这种案例卡往往是你独有的，能让你的内容更具有原创性，而且因为案例来自生活，用来讲解问题时也更直观。好的案例多了，你讲解事情时会更加得心应手。别人可能只能枯燥地介绍一个观点，但是你却能通过一个案例把来龙去脉介绍得明明白白。平时听课，我们发现优秀的老师经常说的一句话就是："下面，我来举个例子。"好的例子胜过千言万语，能让抽象的概念或方法瞬间变得直观、生动和丰满。

图 2-7 是我在"视觉表达"文件夹中整理的部分卡片。在这个列表里，能清晰看到三种卡片。同时，因为只有三

类，且三类内容不容易冲突，确定卡片类别的难度也不大，容易操作，容易操作就意味着容易坚持。很多人把卡片分类做得过于复杂，一开始觉得这样很专业，但是越到后面越难坚持。

案例卡：表示制造流程的变化
案例卡：讲得非常好，但最后人们没记住你的要点
案例卡：拉弗曲线解释税率和税收的关系
案例卡：图表中也可以使用图示
案例卡：做绘画练习
方法卡：根据你的对象来设置你的讲解特点
方法卡：绘图时考虑的6个基本问题
方法卡：均衡器和6种问题6种图结合起来
方法卡：如果想切实解决问题（说得直接点，如果...方式就是提供清楚明白的图来说明问题究竟是什么）
方法卡：有时画绝对数量，有时画相对数量
方法卡：展示6种问题可以使用6种图示
观点卡：比起听到的信息，看到的信息被回忆起来的概率要大一倍
观点卡：表达意思比画得完美更重要
观点卡：根据不同情景选择不同的绘画工具
观点卡：工作时只要能画图，我就会画图
观点卡：绘画有时要细致有时要简单
观点卡：口头叙述时添加一些简单的图也是有益而无害的
观点卡：少用文字多画图
观点卡：谁能把问题描述得最清楚，谁就最有可能解决问题
观点卡：手绘图往往更具有吸引力
观点卡：所有我们能够清楚表达的问题，都可以通过画图进行更准确的描述
观点卡：我们了解的"为什么"越多，我们与世界的相处也就越和谐
观点卡：一切都要从"看"开始
观点卡：只有收集到足够多的"怎么样"，才能看清楚"为什么"

图 2-7　"视觉表达"文件夹中的知识卡片

未来如果在工作中要培训团队学会用"图示"来展示工作内容，我就可以从中找到卡片素材。这些卡片就是我的乐高模块，可以用来组合出我想要的玩具。

卡片的命名要方便分类和检索

命名的目的是方便之后进行分类整理和快速检索。

实践后，我的卡片命名分为两个部分：卡片类型和卡片核心内容。

首先，写清楚卡片类型。

为了更好地做区分，我建议在给卡片命名时就加入卡片的类型，例如"方法卡：利用写作清单来改进写作"。

一个主题的卡片可以放在一个文件夹里面，用名称排序就可以做到让所有"观点卡"排列在一起，所有"方法卡"排列在一起，所有"案例卡"排列在一起。这样找起来特别方便。

其次，写清楚核心内容。

卡片的名字不要只是一两个关键词，建议把重要内容写得完整清晰一些。不然，我们就不能从名称上看出卡片的内容是什么，需要挨个点开卡片查看，这样效率太低。通常我都会把卡片核心内容相对完整地写进去，这样看完卡片名称，我就已经快速了解了卡片里讲解了什么。

以图 2-8 的两张卡片命名为例，首先我快速知道这两张是案例卡，这意味着里面有案例可以供我使用。同时我知道第一个案例是用来说明反驳中证据的作用，另外一个案例是说明父母的代劳让孩子与乐观渐行渐远。很明显，第二个例子在以后整理自己如何进行亲子教育相关知识时能够用到。

案例卡：反驳中证据的作用

案例卡：父母的代劳让孩子与乐观渐行渐远

图 2-8　知识卡片命名举例

书写卡片的注意事项

书写卡片的主要方法已经介绍了，这里补充几点注意事项。

第一，卡片内容不求长，不求多。

书写卡片的目的就是把某一个灵感讲清楚，因此不需要写成一篇长文。两三百字已经足够，五六十字也不嫌少。字数不多，书写压力小，反而更容易坚持。

也不必担心这样写没有体系，这些卡片就是我们未来用于组装玩具的乐高模块。体系会在第三个模块建立，现在不用过早为此担心。

如果觉得某些内容写成一张卡片太长，可以尝试将之分成几张卡片来书写，而不是堆砌在一张卡片里。拆分后的这几张卡片可能关联度比较高，那就可以放在同一个文件夹里。

第二，完成比完美更重要。

书写卡片要流畅，不用字斟句酌。

不需要每张卡片都是精品，也不需要每张卡片都达到可以发表的水平。

能踏踏实实地把一个观点、一个案例、一个方法介绍清楚就够了，辞藻不必华丽。写完比写好更重要。当你写得越来越多，思考能力就会得到提升，这已经达到了目的。

这是一个循序渐进的过程，不要在一开始对自己过于苛责。

第三，坚持书写，但不要有坚持癖。

坚持书写，有灵感就写成卡片。

一个月哪怕只写了 10 张卡片，也比一个月什么都不写强。写 10 张卡片也是 10 次思考，也能锻炼我们的大脑。

锻炼大脑有时和锻炼肌肉一样。

坚持锻炼比一个月就去一次健身房要好，哪怕那一次你在健身房待了一整天。

所以我们要明白，坚持书写卡片是长跑，不是短距离冲刺。

强调长期坚持，但不要苛责自己必须日日坚持，我们不需要有坚持癖。不要以为自己某一两天中断了，就好像天塌了一样。不要不停地埋怨自己没有毅力，毕竟能坚持每天都锻炼一小时的人还是少数。偶尔中断一两天没什么了不起的，这很正常，每周能锻炼 3 天也比之前一个月不锻炼要强。

关键是中断后，你能重新开始，继续书写。

你如果过于苛责自己，反而给自己造成了巨大的心理负担，耽搁几天后更不容易重新开始。

我经常开玩笑说："三天打鱼两天晒网挺好的。"

做三天，休息两天，这已经是非常好的坚持了。

这样想，自己会轻松很多，反而更容易坚持。

如何用卡片管理知识，提升效率

会写卡片之后，我们要开始研究如何整理卡片。

开始使用卡片后，知识管理和以前的记笔记有了很大的不同。传统的知识管理更像记笔记、整理笔记。在新的模式里，记笔记变成了书写卡片，整理笔记则升级为"分类卡片"。

卡片管理的两大阶段

第一阶段：以书籍或课程为单位整理卡片

假定我们现在正在阅读一本书，那么就可以在电脑里建一个文件夹，文件夹的名字就是这本书的书名。阅读时把写的卡片放到这个文件夹里。

图 2-9 是我在阅读《穿透式学习》时整理的卡片。每张卡片都标记了类别，能清晰地看到哪些是观点卡，哪些是方法

卡，哪些是案例卡。

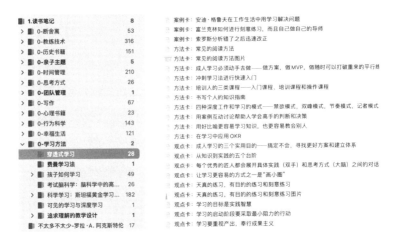

图 2-9 《穿透式学习》知识卡片

如果几张卡片讨论的是同一个话题，就可以建立一个子文件夹，把这几张卡片放到这个子文件夹里。这样一本书的卡片会存放得更有逻辑，也方便第二阶段的整理工作。

图 2-10 是我阅读《学会提问》第 11 版时整理的卡片。在这本书的文件夹里面，我又建立了四个子文件夹，分别是"分散注意力的论证"、"概念要下定义"、"看归纳法链条"和"人们讨论背后的价值假设"。相关卡片就归入这四个文件夹，其他相对独立的卡片就直接放在一级文件夹里。

每读一本书就尝试建立一个文件夹。

也可以在一本书的文件夹下面建立子文件夹。

图 2-10　《学会提问》（原书第 11 版）知识卡片

当读的书越来越多，我们会拥有越来越多的卡片文件夹。不要小瞧这些卡片文件夹，它们帮助我们把大颗粒的知识拆分为小颗粒的知识，实现了对所学内容的"解构"，一本书的知识被解构为一张张卡片。有了"解构"，才可能进行后面的"重构"，才有了第二阶段的整理工作。

第二阶段：以主题为单位进行卡片分类

在第一阶段，我们建立了很多卡片文件夹，一个文件夹就代表一本书或一套课。

此时，这些卡片还是按照别人的逻辑存放的。接下来我们需要做一个重要的动作，即"卡片分类"，让卡片从"别人的分类"变成"自己的分类"。这个操作主要是为后续的知识内化打下基础，我们的初级思考水平就能得到升级。

这一步在电脑上操作没有什么困难，最关键的是要整理好自己的"分类体系"。

这个"分类体系"要靠一个个主题支撑。（见图 2-11）分类做得好，文件夹的设置就比较合理，长远来看返工的概率会小一些，减少返工会提升卡片管理效率。几十个文件夹，几千张卡片，每一次返工调整都是巨大的精力耗费。

尽量把分类做好，减少返工。

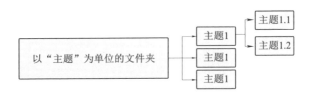

图 2-11　以主题为单位进行卡片分类

建立一个动态管理体系

建立自己的分类体系，一方面要好好考虑，尽量建立得完善一些，另一方面还应该建立一种动态管理机制。

为什么要建立一个动态管理的机制？

没有谁能在一开始就把所有事情都考虑周全，确保建立好的分类完全不需要修改。

我个人实践多年的经验是"文件夹体系"会经常修改，就好像我们电脑里的各种文件夹，没有谁能够在把电脑刚买到手之后，就把未来需要用的文件夹全部建好。大家都是边用边设置新的文件夹，同时在使用的过程中，一点点修改自己的文件夹体系。

如果修改无法避免，就要管理好"迭代机制"，让迭代中返工少一些。我们只要管理好文件夹的升级迭代就行，并不需要纠结自己是否建立了一个"完美"的体系。即使当时看起来完美，可能过几年，随着知识水平的提升，你依然会觉得分类不够完善。"当时完美"也不代表后续完美，在这方面不要过于苛求。

文件夹的改变会一直发生，而且永无止境。

我们的动态管理机制要注意以下几点：

第一，没有内容时不要着急建立文件夹。

不用一上来就把各种文件夹都建好，这样反而可能增加返工次数。要用到哪个文件夹，临时建就可以。这样的方式能保证后续点开任何一个文件夹，里面都是有卡片的。

第二，尝试给自己的分类文件夹建立一张思维导图。

每次都新建文件夹，体系是不是容易乱？确实有这种可能。解决办法很简单，在电脑里创建一个自己设想的文件夹体系思维导图，思维导图的修订比较简单，成本也低。建好这张思维导图，文件夹体系就形成了。临时创建文件夹时就参考这个思维导图的设计。这样既能做到有体系，还能做到不建空文件夹，和第一条要求形成配合。

第三，每过一段时间，可以对一级文件夹下面的子文件夹进行重新整理。

通常我会每过一段时间就整理一下子文件夹，但是不会轻易改动一级文件夹。整理子文件夹的过程就是升级个人思路的过程。在这个过程中，如果两个文件夹都有存在的必要，又有一些交叉重叠，导致分类不够清晰，不要过于纠结，不用要求自己必须选择一个，两个文件夹同时存在就好了。不要尝试建立完美体系，要建立好用的体系。这个小技巧帮我减少了很多返工。

接下来分步说一下如何搭建文件夹体系。

第一步：花时间把一级文件夹确定下来

最开始多花些时间，思考一下：应该有哪些一级文件夹？

一级文件夹极为重要。它是分类体系中的"第一层逻辑"，对整个体系有着深远的影响。梳理好一级文件夹能帮助我们理清全局思路，这对之后的学习有巨大的影响。

如何确定自己的一级文件夹呢？

建议根据"人生需要"进行反推。

也就是可以问问自己：一生中我最需要关注的事情是什么？

回答这个问题有机会让我们看清楚自己的人生观，也能清晰地知道如何改进自己的一生。

如果你的一级文件夹都与工作相关，这意味着"工作"几乎成为你人生的全部，即使你可能不承认，但文件夹代表了你真实的想法。如此一来，"亲子沟通""个人成长"等话题就得不到足够的关注，没有这些文件夹，相关的卡片也不会多。没有卡片，这方面的思考就少。

想看清自己的人生观，就看看自己的文件夹。

你的人生中有哪些事情重要到可以建立一级文件夹呢？

这个问题你一定要找到答案，这将让你受益一生。

下面说说我个人的做法。经过一段时间的思考，我在电脑里建立了以下几个一级文件夹。"1-1 读书笔记""1-2 听课笔记"就是以书和课程为单位的文件夹，"2-1"~"2-6"是我的第二套体系。（见图 2-12）

　📄 1-1 读书笔记　　　📄 2-3 团队管理
　📄 1-2 听课笔记　　　📄 2-4 业务管理
　📄 2-1 底层思维　　　📄 2-5 家庭教育
　📄 2-2 个人成长　　　📄 2-6 家庭幸福

图 2-12　我的一级文件夹

底层思维：人的底层思维对生活各个方面都有影响，我希望认真思考一下自己的底层思维，进行专项提升，所以专门建立了这个一级文件夹。里面的内容往往会影响生活的各个方面，都是最核心的思维模型。

个人成长：无论年龄多大，我个人都应该不断成长，成长一停，人生变化的可能性就小了，我不希望自己的人生没有新的可能。为了持续提升自己，"个人成长"这个一级文件夹就必不可少。这个文件夹下更多是帮助个人变好、变强、变健康的内容，更多关注自我成长。

团队管理：我在新东方负责全国的学习成长业务，如何管理全国万人团队是我每天都要面对的难题。如果不提升自己的团队管理能力，就无法胜任自己的工作，因此我把"团队管理"也做成一个一级文件夹，相关的卡片都会汇集在这个文件里。如果我想提升自己的管理能力，就会点开这个文件夹浏览各类卡片。

业务管理：除了团队管理，我还要思考"全国业务如何持续健康发展"，因此"业务管理"也必须设置为一级文件夹。这里放的是有关业务管理的各类知识，比如怎么定战略、如何做财务管控、怎么做行业分析、怎么设计产品等等。

家庭教育：作为两个孩子的父亲，我有义务去成长，不能只要求孩子成长，自己却原地不动。经过思考，"家庭教育"也被我设置为一级文件夹。如何做亲子沟通，如何培养孩子的学习意愿，如何塑造孩子的积极心理，如何带领孩子学习，如何培养孩子的读书习惯，这些内容都会被加进这个文件夹。

学习学习

我不希望孩子成年后，我唯一的遗憾就是当时没有陪孩子。

家庭幸福：为什么家庭幸福和积极工作要有矛盾？家庭和睦在我心里也非常重要，那么一级文件夹就应该有它的位置。如何做好夫妻沟通，如何经营家庭，如何孝敬父母，诸如此类的内容会放在这个文件夹里。我要专门整理相关的卡片，并在生活中去实践。

为什么建立这几个文件夹？因为这就是我对人生幸福的理解。

个人变好：底层思维扎实，不是随大溜地过一生；不断成长，让自己的能力配得上自己的希望。

工作变好：团队管理能力、业务管理能力不断提升，做到深情款款、井井有条。工作顺利，自己也会开心。

生活变好：家庭和睦，孩子健康快乐成长，及时尽孝。

我要过属于自己的"三好"人生，我的人生不应该由别人来定义，我的人生我做主。

这些一级文件夹的主题就是我的人生成长重点。（见图2-13）

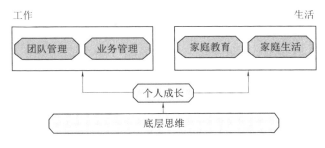

图2-13　我的人生主题构建一级文件夹

个人变得越来越好，工作越来越顺利，家庭越来越幸福，这就是我想要的人生。

第二步：把各类卡片放到一级文件夹中

接下来，我们就可以把之前整理的读书卡片放入一级文件夹。在这个过程中，我们会在一级文件夹下面慢慢建立出更多的二级或三级文件夹。

图 2-14 展示的是我的"个人成长"一级文件夹下的部分二级文件夹。

建立子文件夹的过程还要坚持之前提到的原则：用思维导图构建体系；随用随建，不要建空文件夹。

📁 成长思维	📁 讲话能力	📁 幸福生活	📁 学习方法
📁 创新能力	📁 决定决策	📁 软件使用	📁 写作方法
📁 工作方法	📁 利益思维	📁 时间管理	📁 阅读方法
📁 健康生活	📁 认识自己	📁 视觉表达	📁 消费理财

图 2-14 "个人成长"一级文件夹下的部分二级文件夹

文件夹是慢慢沉淀出来的。随着你读书听课越来越多，观察生活越来越多，搜索越来越多，你的卡片数量就会增加，自然需要更多文件夹。这个过程基本上是挪动一些读书卡片，建立一些文件夹。

在分类整理卡片的过程中，还有一个重要提醒：写一些卡

学习学习

片，就整理一些。随写随整理，不要积攒。

我个人建议不要积累上千张卡片才想起来要做分类。到时候工作量巨大，你就反而不愿意动手了。就好像打扫屋子，每天都简单收拾一下，就不需要大扫除，可能只花十几分钟就把屋子打扫干净了。

整理屋子时，一次整理一点反而容易一些。如果积累好多东西后再整理，整理就会变成大工程，心里就会犯怵。

我个人建议的节奏是：学习一次，整理一次。一次学习可以是指看完一本书，听完一期课，或者听完一场讲座，等等。

如果是零散积累的卡片，也可以在积累了 50 张卡片后进行一次整理。

例如看完一本书后，首先把这本书的卡片整理到一个书籍文件夹里，当这本书的所有卡片书写完成后，就把这本书的文件夹里的卡片复制到个人分类文件夹里。

这样的方式是我实践后发现比较容易坚持的方式，一次整理几十张卡片，多的时候也就一百多张，压力非常小。千万不要读了 20 本书之后才开始整理，那个时候你可能就没有心情和动力去整理了。

用卡片的重新分类进行知识重构

在卡片分类阶段，我们完成了对知识的重构。这个重构虽然还停留在卡片层面，但是为下一阶段更深入的重构奠定了重要的基础。

边书写卡片，边调整文件夹。在这个过程中，我对底层思维、个人成长、团队管理、业务管理、家庭教育、家庭幸福六大方面的认知就在增强。

而且这六大类文件夹下面的卡片来自不同的书籍、课程，有的卡片甚至来自我的搜索和生活观察。围绕一个主题，我的信息是多元的。这也帮助我进一步打开思路，对一个主题有更深入的了解。

掌握本章内容，你的知识管理就进入了新阶段。之后，还有更重要的事情等着你去做。

第三章

系统思维：

摆脱碎片化学习，打通你的
成长"任督二脉"

知识输入 ▶   卡片管理 ▶   **构建体系 ▶**   实践应用 ▶

如何构建自己的认知体系

至此，我们已经学习了"知识输入、卡片管理"两个模块。现在开启第三个模块的征程：构建体系。

在这个阶段我们要完成以下三件事情。

画体系：对于一个主题，尝试构建属于自己的认知体系。画出体系图能让我们看见自己的知识体系，看得见才更有机会发现问题，不断完善。

写系列文章：画出体系后，可以尝试写出系列文章，这些文章就是我们最后形成的观点。系列文章会让我们的思考变得整体性更强，是体系图的延伸。

优化文章的观点和表达：通过优化文章来进一步优化自己的认知和思考，实现思考的不断精进。这一点主要是为第二点服务，让我们写出的系列文章内容更精良。这非常有必要，因为精良的内容代表精良的思考，而且优秀的表达、清晰的表达能帮助我们在实践应用模块做得更好。毕竟即使是同样的观点，不同阐述方式得到的结果也不同。有的人说话别人愿意听，有的人说话别人觉得唠唠叨叨毫无收获，通过观点和表达的提升，我希望你能成为前者。你说出的观点同事喜欢听，上级喜欢听，伴侣喜欢听，孩子喜欢听，这样你的人生相对会更顺利一些。

上述三件事如果都能做到，我们的"构建体系"模块就能做得非常扎实。

有了体系，就能形成更全面的认知，不是看到一个一个碎片，而是能看到全局。眼里不只有线条，还能有一整幅画。不能形成个人体系，对于一个主题的理解就还不到位。

将一个主题画出体系，应该变成我们对学习和成长的一个要求。

如果进行了时间管理的主题式学习，就要想办法建立一个属于自己的"时间管理体系"。

如果进行了系统思考的主题式学习，就要想办法建立一个属于自己的"系统思考体系"。

如果进行了知行合一的主题式学习，就要想办法建立一个属于自己的"知行合一体系"。

接下来，我们说说如何搭建一个好的认知体系。

你的人生不能追着别人的体系跑

在画体系之前，首先要明白：你需要画的是属于自己的认知体系。

别人的体系再好也是别人的。每个人面临的人生境遇不同，建立的体系就会不同，你不能用别人的体系走完自己的一生。

之前在网络上看很多人嘲讽雷军，因为雷军说了句：站在风口上，猪也能飞。有一次，我搜到了雷军的采访，雷军的大致意思是，创业多年，他终于悟出了成功的秘诀，就是"顺势而为"，找对了"势"才更容易成功，不用逆流而上。"站在风口上，猪也能飞"是"顺势而为"的一种形象化说法而已。为什么雷军觉得这是自己多年的心得，而其他人嗤之以鼻？

小米当年的创业团队共计七名创始人，分别是创始人、董事长兼 CEO 雷军，联合创始人兼总裁林斌，联合创始人及副总裁黎万强、周光平、黄江吉、刘德、洪锋。

林斌 2006 年加入谷歌，是谷歌中国工程研究院副院长。

黎万强在加入小米之前曾任金山词霸总经理。

周光平加入小米前在摩托罗拉做研发管理工作，是摩托罗拉亚太区手机质量副主席。他曾是摩托罗拉最畅销机型的硬件研发负责人。

黄江吉在加入小米前在微软任职，曾任微软中国工程院开发总监。

刘德毕业于美国艺术中心设计学院（Art Center College of Design），创办了北京科技大学工业设计系，并担任该系主任。

洪锋加入小米前曾在甲骨文和谷歌任职，是谷歌中国的高级产品经理。

成功需要一个人的意愿、能力及环境全部到位。对于雷军来说，成功的意愿和能力全部具备，唯独要关注的就是环境，也就是"大势"。顺势而为，以他们的战斗力想不成功都难。

雷军所构建的成功体系依赖于他自身和他团队的情况，脱离了这个前提单独学"站在风口上，猪也能飞"，意味着在忽略意愿、能力的情况下，只考虑环境。这样可能做不了会飞的猪，倒成为到处找风口，最后晕头转向的猪。

每个人的情况不同，没有什么成功体系适合所有人。

所以无论看过多少内容，都不要把任何一个人当成自己的"人生导师"，你的人生导师就是你自己。认真分析自身，认真分析自己周围的环境，慢慢搭建适合自己的体系，做到这一点，你就是自己的老师。

别人的体系都可以为你所用，但你不该用他们的体系套牢自己的人生，在借力更多体系后，一定要建立属于自己的体系。

建立属于自己的体系，才能过好属于自己的人生。

在学习本书内容时，你也要牢记这一点。"知行合一成长体系"肯定有价值，但是你未必需要完全照搬，你要再多看看其他人的方法和理论，综合评估，结合自己的现状，慢慢搭建一个属于自己的成长体系，这样你才更懂得如何运用。

可以学习别人的体系，但最终应用的要是自己的体系。

这是我发自内心的忠告。

用多个主题式学习来建立体系

主题式学习是跟构建个人知识体系完美契合的学习方式。如果主题式学习后能建立自己的认知体系，那么这个主题式学习做得就深入。

有时为了建立一个高级体系，我们需要进行多个主题式学习，整理出多个小体系，再对这些小体系进行综合分析，这样才能构建一个更高级别的认知体系。

本书的内容可以理解为是我个人成长体系的一次公开。换句话说，为了更好地成长，我构建了一个属于自己的成长体系，并能清晰地画出来，这对我后来的工作和生活影响巨大。

同时要注意到，为了构建这个体系，我进行了专门的主题式学习，但是我进行的主题式学习有好几个，而不是单独研究"成长"这一个话题。我分别进行了"知行合一"的主题式学习、"如何读书"的主题式学习、"如何写作"的主题式学习、"如何搜索"的主题式学习等等，这里就不一一列举了。在多个主题式学习的帮助下，我最终形成了现在的"知行合一成长体系"，这个时候我对成长有了自己的理解，后面实践起来会顺畅很多。

这个成长体系既融合了其他人的不同想法，还兼顾了我的个人情况，通过构建体系，我完成了"不同知识的内化"，实现了兼容并包。大家的想法和知识就好像变成了我手里的乐高模块，我用这些乐高模块拼装出属于我自己的玩具，这个玩具就是我的个人知识体系。

如果我没有尝试构建自己的成长体系，学习效果会大打折扣，成长速度也会慢很多。没有体系，别人的知识还是散乱的砖块，而现在我用这些砖块建造了属于自己的"教堂"。

在构建体系前要先温习之前整理的卡片。卡片是对别人体系进行解构后的产物，是一块块砖，整合好就能建造一栋建筑。

通常要边复习卡片，边画体系，边画体系，再边复习这些卡片，一点点把整个体系构建出来。（见图 3-1）

图 3-1　复习卡片和画体系同时进行

这里要提醒一点，复习卡片的时候，视野不能狭窄。有强关联关系的内容要看，有弱关联关系的内容也要看。

　　　　　　　　　　　　　　　　学习学习

举个例子，如果要建立关于时间管理的体系，那么有关时间管理的内容就是强关联内容，这些卡片和文件夹要看。但是很多看起来有一点联系，直接关联度却没那么强的卡片也值得看，比如关于决策、价值排序、软件使用等。弱关联内容往往能带来很多意想不到的创新。当时间管理和决策、价值排序、软件使用结合在一起，新点子就会涌现。很多企业中的好点子也是这么来的，苹果公司设计产品时肯定要考虑科技要素，但是只考虑科技要素视野就狭窄了，他们还会考虑艺术这个"弱关联"要素，当科技和艺术融合，优秀的产品创意就涌现出来。

复习完卡片之后，我们就要开始尝试绘制体系图了。

思维导图结构与流程图结构的体系模型

思维导图结构的知识体系

第一种常见的体系是用思维导图绘制的。（见图 3-2）

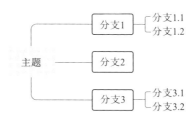

图 3-2　思维导图结构的知识体系

思维导图体系特别像一个横着放的"金字塔结构"，本质上是一种分类逻辑。

我们平时的文件夹管理大都属于思维导图体系。把思维导图中的每个节点想象成一个文件夹，就是电脑中文件夹的结构。

很多人平时讲话用的就是思维导图体系。所谓的"讲三点"就是思维导图上有三个分支，每个观点下面可以再细分成2~3个节点。简单快速构建一个发言思维导图，就能让自己的发言显得更有逻辑。

构建思维导图体系通常要想好并列节点都有什么，然后再想清楚每个节点下的子节点都有什么，通过"拖拽和添加"就可以搭建一个分类逻辑。一件大事情就被拆分成几个模块，每个模块又可以拆分成几个小模块。

思维导图体系的逻辑是把问题进行分解，然后逐个击破。

不同的分类方式代表了不同的拆解方式。对一件事情用什么方式分类，能反映一个人如何看待这件事情。不同的思维导图结构就是不同的认知。

举个例子，从不同公司的组织架构图，就能看出大家做事情的逻辑是不一样的。

公司 1：把公司拆分为业务板块和职能板块。（见图 3-3）

这个公司的逻辑是业务部门做好业务，其他部门做好支持，大家相互配合，相互制衡。这是一种经典逻辑。

图 3-3　公司组织架构之一

公司 2：分成事业部和大职能板块，事业部里有自己的职能板块。（见图 3-4）

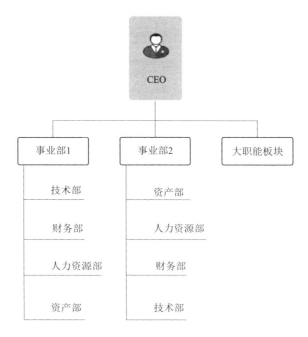

图 3-4　公司组织架构之二

这个公司认为打仗就要能负全责，互相配合可能会扯皮，事业部内业务部门和职能部门都要有，集中突破，统一调度。这就和第一个公司的逻辑不同。

公司 3：分成前台业务和中台赋能两个大的板块。（见图 3-5）

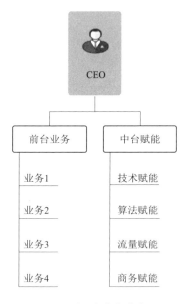

图 3-5 公司组织架构之三

在公司 3 心目中，完成一个业务需要组织拥有各种核心能力，这个核心能力应该集中打造，是公司的核心资产。核心能力应该复用到各个业务线里，帮助各个业务提速。公司核心能力越强，越容易孵化新业务。

三种思维导图是三种管理结构，背后是大家做事方法论的不同。

　　　　　　　　　　　　　　　　　学习学习

在第二章我介绍过自己的个人文件夹体系，这其实也是一种思维导图（见图3-6），代表了我如何理解自己的人生。不同人的卡片分类可能不同，这种不同背后就是思维方式的不同，人生思考的不同。

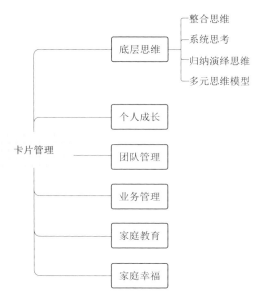

图 3-6　我的个人成长思维导图

思维导图结构的好处是层级关系清楚，清晰易懂。

这种构建体系的方式简单易用，这也是大部分体系都是思维导图体系的原因。

通过"分类"让思考变得更加全面。在思维导图上每发现一个新节点，就弥补了一个认知盲区。

想了解这方面的知识，可以多看看《金字塔原理》这类书籍。

流程图结构的知识体系

思维导图是大部分人建立体系时使用的思考方式，但这个思考方式也有非常大的局限性。这种方式罗列了各个要素，但是并没有清楚说明这些要素彼此之间的关系，而我们知道万物是彼此联系、互相影响的。忽略了这种关系，我们对于事情的还原就可能失真。

以公司 1 的组织架构图为例，虽然清晰列出了业务部门和职能部门，但受限于思维导图的特点，这张图并不能说明职能部门和业务部门的配合关系到底是什么样的，什么事情由职能部门主导，什么事情由业务部门主导。如果在思维导图之外不能说清楚，公司就容易形成部门墙，很多配合都会出现问题。

为了解决这个问题，我们要引入一种新的体系图。

第二种体系不是用思维导图软件画的，而是要用流程图软件来画。

我们不但要说明体系中都有什么，还要标注它们之间的影响关系。事物之间的关系不再像思维导图那样只有左右关系和上下关系，还可能会有先后顺序、因果关系、促进关系、遏制关系、延后影响等。

比如图 3-7 所示的知行合一成长体系，我没有用思维导图软件来画，而是用的流程图软件。利用流程图我能标注出更复杂的运转关系，这是思维导图不具备的功能。

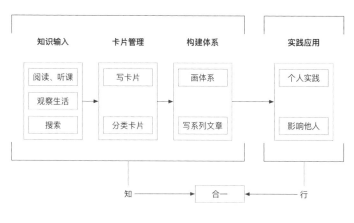

图 3-7　知行合一成长体系

观察上面的流程图会发现，里面标记了很多"要素"，同时还用矩形和箭头等标记了这些"要素"彼此之间的关系。如果用思维导图，这种关系就呈现得不够清晰。

这种"流程图"本质上研究的是元素及其关系。更关注都有什么"元素"，这些"元素"是如何互相影响的，并深入研究元素之间的互动关系。

如果要做得更复杂一点，我们还应该多学习一些"系统思考"方面的知识，比如要学会画因果回路图。这样的图示要比思维导图复杂很多，但也更能还原事物的运转机制，对于我们认知事物有很大的帮助。

图 3-8 展示的是刘润在《商业洞察力》中画的一个城市人口与经济繁荣关系的因果回路图。图中的"+"表示促进，"－"表示降低。

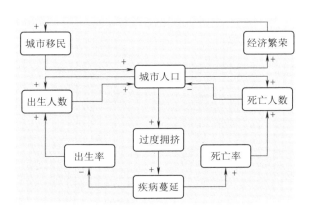

图 3-8 《商业洞察力》中的因果回路图

这样的网状关系图更能让我们看清事物的运转机制，和传统的思维导图极为不同。

但是这种关系图比较难画，所以大家往往看到的也不多。

如果大家想建立一个好的体系，非常建议多学学这方面的知识，不能只会画思维导图。两种体系图都要会画，在合适的地方使用合适的体系。

有时间也可以多看看关于系统思考和流程设计的书籍。这两方面的知识都能让我们更好地理解元素及其关系。学会之后，搭建体系的能力就会更强。

体系是修改出来的

体系是一点点修改出来的，建立体系不是一朝一夕的事情。

不要指望自己突然有一天打通任督二脉，建立一个完美的思考体系。要时刻提醒自己：好的体系是慢慢修改出来的。

假定我们在学习系统思考这个主题，积累到一定数量的卡片时，我们就可以开始尝试建立体系。此时会形成"系统思考体系 1.0"版本。

在此基础上，我们可以有三种修改体系的方法。

方法 1：有了体系还要继续整理卡片。

有了 1.0 版本，不要停止学习的脚步，要继续整理更多与此相关的卡片。新的卡片会带来新的思考，这时我们就可以开始对之前的体系进行修订，形成"系统思考体系 2.0"版本。

方法 2：运用体系，并进行修改。

接下来，我们要在工作生活中运用"系统思考体系 2.0"版本，这时会发现有些内容不切合实际，有些内容操作性不强。在实践经验的帮助下，我们可以修订出"系统思考体系 3.0"版本。

方法 3：暂时搁置，过一段时间重看。

有了 3.0 版本后，我们要把"系统思考"先放在一边，给大脑一个清空的时间，过一两个月之后再重新翻看，此时刷新后的大脑能发现很多之前注意不到的问题，修改后就能形成"系统思考体系 4.0"。

好的知识体系就是这样一点一点改出来的。

你建立的体系几乎永远都可以修订，体系不是一次做出来的，体系是慢慢改出来的，而且这样的修改永无止境，但正因为如此，我们的体系才能与时俱进，与我们一同成长。

写作就是思考

有了知识体系后，我们就可以着手书写系列文章了，整个系列文章就构成知识体系的配套内容，系列文章代表这是成体系的知识，而不是凌乱的知识。系列文章与体系图相配合，威力无穷。如果你整理了自己的时间管理体系，那么就可以尝试把这个体系写成系列文章，书写文章时你对这个体系的理解会进一步加深。

写作就是思考本身。但写系列文章与之前的卡片写作不同，从"思考"的角度来看，"卡片写作"更多是灵感的摘录，散点思考记录，是初级思考；而"画体系 + 写系列文章"可以构成更完善的认知，更有逻辑，是深度思考。这一步完成，我们的认知就得到了更为全面的升级，我们对一个主题的认知将与以往不同。

以本书为例，这本书的内容就是由我个人成长体系的系列文章组成。有了原来的积累，整理这本书的文稿就会变得容易很多。在整理书稿的过程中，我自己的认知再次得到升级。

书写卡片，让我们有了局部的思考，这些卡片好像是等待拼接的拼图碎片。

画出体系，让我们有了全局的思考。体系是我们认知的骨架。

书写系列文章，让我们的体系越来越具体，越来越完善。系列文章是我们认知的血肉。

而且更妙的是，在书写的过程中，我们还可以反过来对原来的体系进行修订。通过写这本书，我原来的成长体系已经有了几处修改。

未来，我们要逐渐形成"画体系"和"写系列文章"相互促进的循环。（见图3-9）

图 3-9　画体系和写系列文章相互促进

这才是真正的构建体系。

既然已经开始写文章，为何不写得好一点。

要想把系列文章写好，要关注以下两个方面：观点价值和讲述方式。

工作中有些人说的话没营养，还啰里啰唆，别人就不愿意听，这也会削弱自己的形象，这样的发言会显得我们的思考能力很弱。真是这样的话，多说还不如少说；反之，如果我们说的观点有价值，别人又爱听，那情况就不同了。开一次业务分析会，若能一针见血，还能有条不紊地进行阐述，业务决策水平就能体现出来。

接下来我们从"观点价值"和"表述方式"这两点入手，讲解如何能把系列文章写得质量更高。

如何让自己的观点更有价值

观点是世界的屏幕。人们看到的不是这个世界，而是眼前的"屏幕"。（见图 3-10）

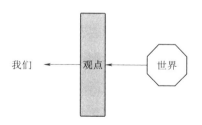

图 3-10　观点是世界的屏幕

人们通常认为是周围的世界形成了我们的观点，但可能忽略了一点：观点挡在世界的前面，观点才是我们"看到"的世界。

改变了观点，即使真实的世界没变，你眼中的世界也可能已经与之前不同。

选择什么样的观点，可能就选择了什么样的世界。

我们在写系列文章时，要谨慎选择我们的观点，因为这些观点一方面会对我们自己产生影响，另一方面可能在分享中影响到其他人。我们责任重大，不得不审慎一些。因此，当我们在写文章时一定要问自己一个问题：

这个观点值得写吗？

但是这个问题并不好回答，很可能不同人需要的观点是不一样的。当一件事情不好"正向"破解的时候，我们可以尝试"反向"操作。与其讨论什么样的观点值得写，不如先讨论一下什么样的观点不值得写。或许值得写的东西各有特色，不值得写的内容千篇一律。

什么样的观点不值得讲

整理思考时最核心的原则是：不要浪费时间在陈词滥调上。

如果文字有生命，用文字去谈毫无新意的观点，就等于剥夺这些文字活着的意义。翻来覆去讲毫无新意的观点，是对文字的屠杀。同理，浪费时间在陈词滥调上，也是对时间的屠杀。如果我们的系列文章写的都是陈词滥调，将来我们的口头发言也会变得无趣。

《如何打造你的独特观点》这本书里也表达过类似的想法。

我在大学经常会让学生写文章。但是，没有写文章习惯的学生写出来的作品，有很多都感觉"枯燥无味"。这其中的一个重要原因就是"成就"不足，没有提出新的观点和知识。

什么是"陈词滥调"？通常指陈旧、空洞、不切实际的言论。结合这个概念，我们可以制作一个简单的评估表（见表3-1）。

表3-1 陈词滥调评估表

所表达的观点和知识陈旧，多谈一次也没什么意义	
所表达的观点和知识空洞，都是泛泛而谈，废话多	
所表达的观点和知识不切实际，对现实生活没有指导意义	

如果发现你在三个评估项里都填写了"是"，那么这样的观点或知识就不值得写。人们可以随处搜索到这样的内容，我们又何必往垃圾堆里再扔一些垃圾。一方面浪费自己的时间，一方面还要麻烦别人去清除这些垃圾。生命有限，不要浪费精力在这些对自己和别人都没有好处的事情上。

不能为了不同而不同

避免陈词滥调是好事，但是也容易走向另一个极端，变成为了不同而不同。

切记：不能为了不同而不同。

为了方便理解，我们可以构建四个象限，纵坐标是与常规视角的差异程度，横坐标是观点正确与否，如图 3-11 所示。

图 3-11　观点四象限

象限 1：这里的观点和知识与常规理解不同，但同时又是正确的。

这个象限的观点正是我们值得写的重要内容。我们看到的很多经典书籍，往往都是这个象限里的内容，比如《刻意练习》中描述的人们取得进步的方法就和传统理解不完全相同，同时又有科学依据作为基础，这些观点可以帮助更多人重新认知如何提升自己这件事，值得我们花一些笔墨。这样的文字就是有生命力的。

象限 2：与常规观点不同，但是错误的。

这个象限的内容是我们要极其警惕的，它看起来很"创新"，但是特别容易误导人。很多网上耸人听闻的文章都属于这个象限的内容。为了不同而不同，就容易陷入这个象限，看

　　　　　　　　　　　　　　　　　　　　　　　　学习学习

似标新立异，实则害人害己。我们更要警惕有人用这样观点来混淆我们的视听，自己不要进入这个象限，也要避免别人把我们拉入这个象限。

象限 3：与常规视角一样，同时是错误的。

这是个危机象限，这样的观点碰都不要碰，碰上了要想尽一切办法甩掉，但做到这一点很难。为什么？因为这样的观点有一个特别讨厌的地方：太多人也这么认为。人很难真正做到不从众，一旦大家都这么认为，周围给你灌输这样观点的人就多，即使你最开始不信，你内心的堡垒可能也招架不住这么多人持续攻击，时间一长，你可能就缴械投降了。

比如现实生活中有很多人都认为"为了成功，我可以吃苦，即使不开心，等到我成功那一天，也会开始变得开心，从此就能过上幸福快乐的人生，像童话里的公主和王子一样"。这就是一个常见的"大家都这么认为"却又错误的观点，要摆脱这样的观点太难了。

实验证明，影响人们幸福程度的是日常幸福的情况，人的幸福程度不是一两件大事就能改变的。但多少人都认为：等我有钱了，一切就都好了；等孩子考上名牌大学，一切就好了；等我有了大房子，一切就好了；等我升上总经理，一切就好了。即使达成这些目标，你的开心周期也很短，之后你的幸福水平会恢复到之前日常的状态。

如果你考上大学之前天天不开心，即使考上了清华，可能会高兴一两个月，但是之后你也会变成之前不开心的状态。所以要真正追求幸福，一方面要努力达成目标，另外一方面要把现在的生活就经营得幸福一些，这样才能真正开心起来。但多少人能甩掉传统观点呢？是不是我们内心更多的声音还是：吃得苦中苦，方为人上人？

象限4：与常规视角一样，同时是正确的内容。

这是平庸象限，内容虽然是正确的，但大家都这么认为，重提一次的价值就不大。这个象限的内容不值得浪费笔墨，多一段文字不多，少一段文字不少。

但是这个象限的内容其实也不是完全不能写，要是想写，就要进行深挖或转化，在常规视角里挖掘出"不常规且正确"的内容。此时，这些观点或知识就能转变到第一象限。

总结一下，我们真正要追求的是第一象限的内容，不写第二、三象限的内容，遇到第四象限内容要想办法将它转化为第一象限的内容，转化不了，就不浪费笔墨了。（见图3-12）

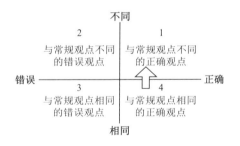

图3-12 我们应该写的观点

学习学习

简而言之，我们追求的是与常规理解不完全相同，但又正确的内容。两个条件都符合，才不是为了不同而不同。

这里有一个小技巧可以使用：通过提问来逼迫自己进行更深入的思考，避免自己分享错误或平庸的观点。

- 一般人对这件事情的想法是什么？
- 一般人对这件事情可能没考虑到的是什么？
- 这些没考虑到的事情是否正确？

如果对第二个和第三个提问你都能找到积极的答案，你的观点就开始变得越来越有趣了。

寻找高价值观点的 7 个方法

方法 1：换个角度

横看成岭侧成峰。看的视角不同，得到的答案可能不一样。

面对同样的事情，我们要问问自己是不是有不同的视角。之前我们讲过事物是一个多面体，从不同角度能看到不同的侧面，不同侧面上可能附着着不同的知识和观点。（见图 3–13）

一个比较经典的案例是郭建龙的三本书，分别是《中央帝国的财政密码》《中央帝国的军事密码》《中央帝国的哲学密码》，在豆瓣上的评分分别为 8.3 分、8.0 分、8.2 分。三本书从三个角度解读历史，这与传统的以"人"为核心的历史书不同。

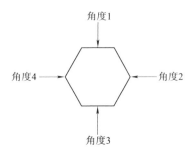

图 3-13　从不同角度看同一个事物

以《中央帝国的财政密码》这本书为例，它让我们可以从"财政兴衰"这个角度来看历代王朝更替。这个全新的角度会帮助我们更深刻地理解历史。

豆瓣上的内容简介写了这样一段话："本书作者以中国历代王朝为经，以现代经济学理论为纬，上至秦汉，下至晚清，详细梳理长达两千余年的中央帝国的财政制度之流变，分析历代财政制度之得失，力图从田赋制度、货币制度、官营经济三方面说明中国传统政治之兴衰与帝国财政状况密切相关。"

从"财政"角度看待历史，就是一个不同于大部分人的视角。

当学会从不同角度看待一件事情，我们往往就能发现更多别人发现不了的观点，这些内容如果是正确的，它们就更值得分享，赋予笔墨以灵魂。

所以，换角度过程中还要关注最后的结论是不是正确的，角度并不是换了就好，还要同时保证正确。以郭建龙的三本书为例，是不是所有内容都经得起推敲，可能需要边看边判断。

另外，上面三本书的书名也提示了一种变换视角的方法：更换核心关键词。

三本书有三个不同视角的关键词，分别是：财政、军事、哲学。

面对一件事情，可以尝试给出一些不同的关键词，然后用思维导图把这些关键词排好位置，通过这个关键词思维导图，我们更容易找到不同的视角。（见图 3-14）

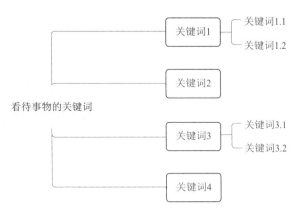

图 3-14　关键词思维导图

分析历史时可以有不同的关键词，比如科技、军事、经济、文化、人物、法律、道德等。比如我们可以从"科技"角度分析一下中国历史，看中国历代王朝对于科技的态度，看看共性和不同，对比西方发展，或许我们能得到不同于以往的启发。

这就是更换角度的力量。

方法 2: 深挖本质

看得见的是现象，看不见的是规律。

如果我们能透过现象看到本质，观点就会变得价值更高。

分析事物未必总要从表象入手，我们还可以尝试从"本质"出发，找到"本质"就找到了一把"小万能钥匙"，这把钥匙能打开更多扇"现象"的大门。

本质往往能解释更多的现象。一石多鸟，一通百通，这正是本质的美妙之处。

如果我们找到的规律能解释更多的现象，这个规律往往就更接近本质。

本质有很多同义词，比如规律、原理等等。它们的意义是类似的，但是这些本质、规律、原理不是散落在地面上的石头，可以随便捡到。它们是深藏于地下的石油，我们必须要勘探，深挖才能找到。一旦找到，就好像发现了一个油田，收益巨大。

为了让自己更好地找到本质，可以尝试对自己提一些问题：

- 这些观点是不是大部分人的第一想法？
- 现在看到的事情是不是表面的现象？
- 有没有不容易看到的深层原因？
- 能不能找到更深层次的本质和规律？
- 我找到的规律是不是能解释更多现象？

如果能找到答案，观点就更接近于本质。一层一层挖下去，就能找到与众不同的观点。

方法3：正向和反向思考

很多时候，我们不是在单行道，而是在双向车道。

我们都听过"逆向思考"这个词，在分析一个问题的时候尝试用一下，很多时候效果很好。

如果大部分人都往前看，问问自己能不能回头看看，或许能发现不一样的风景。

如果大部分人都往后看，问问自己能不能往前看看，也许前方就是坦途。

如果大部分人都赞成，问问自己反对是否也是一种选择。

如果大部分人都反对，问问自己赞同的声音是不是被淹没了。

如果大家看到的都是优点，问问自己这件事真的没有缺点吗。

如果大家看到的都是缺点，问问自己这件事真的一无是处吗。

从正面看看，也从反面看看，这样我们的思考才能更加全面。

汉弗莱·尼尔在《逆向思考的艺术》中有一句话："所有人想得一样时，可能每个人都错了。"

方法 4：改变讨论范围

一张地图可以缩放，一件事情也可以缩放。

一个屏幕，随着地图的缩放，我们看到的视野是不同的，能做出的判断也会有差别。全局模式可以让我们更方便地选择路线，局部模式方便我们选择正确的转弯路口。

生活在城市之中能看到雄伟的高楼大厦，从飞机上看，这些建筑都变成了小格子。

当我们讨论一件事情的时候，我们也要意识到，看到的范围不同，得出的结论可能不同。

改变讨论范围有两种策略：一种是改变时间的范围，另一种是改变空间的范围。

先看改变时间的范围，改变时间的范围要求我们看问题时改变时间轴的长短。

一件事情从短期看可能是好事情，从长期看就未必了。就好像止疼药可以迅速消除疼痛，短期非常有效，但是可能导致你贻误最佳的治疗时机，反而带来巨大的损伤。

讨论事情的时候，我们要学会加入"时间"这个维度。

时间范围的改变，会给事情的分析加入一种"动态"视角，不但要看一个时间点上的结论，还要看看随着时间的流逝，整件事情会产生什么样的变迁。就好像讨论孩子的教育，从小学成绩好坏的角度出发，会得到很多做法；但是从孩子上大学和步入社会后是否能持续学习的角度来看，可能我们会对孩子儿时的教育做出一些不同的选择。

另外一点就是改变空间的范围。我们看问题时角度可"大"可"小"，空间范围不同，则覆盖面不一样。

一个比较典型的例子就是《三体》这本书。《三体》讨论的世界范围就不同，不再是两个人之间的战斗，也不是两个国家之间的战争，甚至不是地球内部的事情，而是宇宙中各个星球之间的事情。

平时思考事情也一样，可以从一个人的角度去看，也可以从一群人的角度去看。可以一件事、一件事地讨论，也可以把几件事放在一起讨论，这就改变了讨论的范围。

改变空间范围的一种常见策略就是把讨论一个人变成讨论一群人，把讨论一件事变成讨论一类事。

你可以尝试在思考问题时运用一下这个策略。

方法 5：系统思考

系统思考更关注各个元素之间如何互动。

这也是一种思考问题的新角度，能给我们带来很多不同的观点。前面我们专门介绍过。

运用系统思考，会发现"结构"对结局有巨大的影响。结构里包含了不同的元素和元素之间的互动关系。看事情不能只是头痛医头、脚痛医脚，我们要看整个系统的运转逻辑。

《〈华尔街日报〉是如何讲故事的》一书提到一个案例。假设你现在是一个记者，要写一篇有关"全国范围内医师短缺问题"的文章。一种选择是你搜索一些相关的资料，然后梳理出一些观点，开始下笔写文章。还有另外一种处理方式是，不着急得出观点，而是一点点画出这个话题的"因果循环图"，对这个话题展开系统思考，分析整件事情的运转结构，找到结构中都有哪些元素，这些元素是如何运转的。当这个因果循环图越来越完善，你的理解就越来越深入，这时候就更容易找到与众不同的观点。

书中展示的记者分析图如图 3-15 所示。

《〈华尔街日报〉是如何讲故事的》这本书中写道："如果没有通过逻辑思维勾勒的这幅草图，记者们一定会在这种错综复杂的迷宫中迷失方向。"

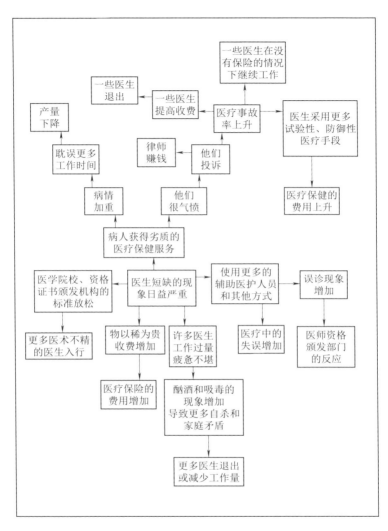

图 3-15 记者对医师短缺问题的分析图

为了强迫自己把事情看透，要学会使用因果循环图。

方法 6：分享现实中有用且能用的观点

少写正确而无用的话，这些话也是废话。

在写文章时要多问问自己这个简单的问题：这在现实中有用吗？能用吗？

这个看似简单的问题能帮助我们回到现实生活，让观点更落地。

比如前文我们提到过的卡片管理，如果建议每天书写 100 张卡片，是不是真的好？如果一个人真的每天能写 100 张卡片，那么他确实能够成长得更快，但我不会分享这个观点，因为这个观点在现实中可能"不能用"，这是一个做不到的要求。在写文章时就要把这样的内容筛选出去。

我个人分享的一个重要习惯是尽量保证分享的内容都是自己实践过的，原因就是希望这样的内容有用，能用。就像这本书分享的内容，不只来源于我的"想法"，更重要的是来自我的"做法"。

方法 7：分享能让人做出更好决策的观点

做决策就需要人们做出判断，做判断就需要人们做出"选择"。

选择就意味着在至少两个事物中选择一个，放弃其他。放弃本身就有成本，有时候错误选择的代价可能是一个人的一生。

如果我们分享的内容能帮助人们做出更好的决策、更好的判断、更好的选择，这些内容就值得讲。

可能我们提供了一种选择的标准，在标准的指导下，人们更容易做出正确的判断。

也可能我们提供了一种科学依据，让人们能在看似繁杂的观点中找出真正值得相信的观点。

或者我们提供了一种好的参照，有了参照物，人们更容易做出判断。

抑或我们把选择时所需的信息和不同选项的优劣势讲得非常清楚，让人们在信息充分的情况下做决策。

无论是哪种，这样的分享内容都值得书写出来。

讲到这里，想起蔡崇信当年冒险加入阿里巴巴的故事。1999 年蔡崇信与马云在西湖划船，蔡崇信说："我要加入阿里。"马云吓一跳："我一个月只能开 500 块钱的工资。"我很好奇蔡崇信当时用什么逻辑做出这个看起来荒谬的人生选择，要知道加入阿里巴巴前，蔡崇信是瑞典 Investor AB 风投部门的亚洲区总裁，年薪 70 万美元。

蔡崇信后来介绍了一个他的决策方式：如果一件事情收益无上限，但损失成本可控，这件事情就值得一试。这个决策逻辑非常值得学习。加入阿里巴巴，做成了，就能成就一项伟大的事业，前途无限；失败了，以他的经历和背景，也能获得一份体面的工作。

在普通人眼里这是一次豪赌，在蔡崇信眼里这就是一个该做的决策。这就是区别。

如果我们有办法帮助人们做出更好的决策，这些内容就值得分享。毕竟好的决策可能改变一生。

说了这么多，其实就是希望我们"言之有物"。虽然看起来这阶段是用书写在整理观点，但其实书写只是一种思考方式，未来应用时不一定是用文字的方式呈现，也可以用"口述"的方式来呈现你的观点。但很多人说话前都没有认真整理过自己的观点，临时拼凑，观点价值自然不会太高。如果在发言前能认真用文字梳理自己的观点，最后发言时才更容易一鸣惊人。

别人看到的是你"口才好"，看不到的是你背后如何用"书写"来整理自己的思考。

如何让自己的表达更清晰

在写文章时，我们还要不断修订自己的表达方式，让内容更加清晰明了，好懂好理解。做到这一点会给第四个模块"实践应用"打下坚实的基础，举个例子，实践应用中我们可能需要把观点讲给别人听，如果之前已经把内容写得清晰明了，讲解起来就会备感轻松。

把事情讲明白的核心思路

有的人解释一个概念总是说不明白。他们的解释往往有一种共性：重复说不好懂的话。一次解释不通，以为再说一遍别人就懂了。往往重复多遍，越说越乱。我们写文章、做演讲，要避免这样的错误。

假定，我们现在要讲一个概念。常规的介绍方式为 A，但

A 这个讲解方式别人不好懂。错误的做法就是反复讲 A，期待在重复中把事情讲清楚。这种方式可以归纳为下面这个模型：

A—A—A—A

聪明人的做法不是这样的，他们会改变策略。既然 A 这种介绍方式难懂，那就再换一种方式来介绍，比如换成 B，B 相对于 A 让人更容易理解一些。如果用 B 介绍清楚了，那么问题的解释就可以停止了。这时，这个介绍模型可以总结如下：

A—B

我们上学的时候，老师讲解完一个概念，经常会说："我举个例子。"举例子就是"换一个方式"，把抽象的概念换成直观的例子后，一下子生动了，好理解了，例子选得越恰当，解释的难度就越低。这样的方式模型为：

A（介绍概念）—B（举例子）

如果用 B 这个方式还没介绍清楚，就要再换一种方式，比如 C，C 也比 A 好懂，甚至比 B 更好懂。这时，讲解的模型就变成下面这样：

A—B—C

以此类推，聪明的讲解模型如下：

A—B—C—D

这种解释模型我们称为"换一种方式解释"，专业术语是"转换表达"。既然 A 这种方式比较难理解，我们就换成容易理解的 B、C、D 方式来讲解。

要把一件复杂的事情讲明白，必须学会换一种方式解释。一件事情难理解，正说明本来的介绍方式不容易懂。如果还是用原来的方式讲给别人听，必然不容易被接受。

想要改变这种情况，就得换一个说法，换一种让别人容易明白的方式。

解释的内容是听众好消化的，自然也降低了理解的难度。比如要讲解中国各省份的位置，用文字来说明，无论怎么说，别人理解起来都费劲一些。这时最好换一种方法，比如利用地图来讲解，这样更直观，各省份之间的位置关系一目了然，这时候图示就是让别人更容易理解的方式。

换一种方式解释，本质上就是搭一个台阶，让听众踩着台阶往上走，这样步子不至于迈得太大。（见图 3-16）

图 3-16　换一种方式解释

常用的解释方式有通俗表达、利用旧知识、讲故事、举例子、讲清楚为什么、做类比和用图示等。学会了这些解释方式，就可以不断进行"转换"，你的解释能力就会稳步提升，所写文章的解释力更强，讲话时解释力也会更强。

让表达能力稳步提升的七种武器

武器 1：用通俗的语言

换一种方式解释的第一招：把抽象的术语换成"通俗表达"。

先看一段文字：

> 近年来，越来越多的心理学家和语言学家将注意力转向儿童语言习得的问题。本文将评述这一过程近年来的研究。

这个例子来自《风格感觉：21 世纪写作指南》一书。"心理学家""语言学家""注意力转向""儿童语言习得""评述""近年来的研究"这些文绉绉的词语凑在一起，一件简单的事情被说复杂了。

这本书中给了一个"通俗版"：

> 小孩子不用专门上课，就能获得说一门语言的能力。他们怎么做到的？

通俗版读起来清楚多了。

要是想让别人听懂你的话，多说点"人话"，用点通俗易懂的文字。

大师擅长把高深理论说得通俗，骗子正好相反。

说话时不要故弄玄虚。也不要把"术语"当成"专家"的门面，很多人这么说话，就是想凸显自己的"专业"，用这些术语来欺负外行人。但实际上，满嘴术语，解释不通，真正凸显的是自己的无能，而不是专业。

费曼有个有名的说法，人要学会区分"knowing something"和"knowing the name of something"。也就是说，真正理解一件事情，和只知道各种概念的名称是不一样的，不能混为一谈。遇到拿术语吓唬人的，问问他，你说说这个概念到底是什么意思，好多人这个时候就招架不住了。

强调用通俗的话来说，并不是说观点可以浅薄。强调的是：观点要深，表达要浅。

自己的研究，分析要扎实、深入一点，这样才能得到独特的见解。但是不能把好的见解束之高阁，而是要用通俗的话表达出来，这样才能让更多人受益。

《风格感觉：21世纪写作指南》还提到过一个经典的例子。

故作高深版：

食物摄取方式和身体质量指数之间存在正相关关系。

身体质量指数是食物摄取方式的函数。

食物摄取量根据一种单调递增关系预测了身体质量指数的水平。

这么说话，挺好的观点也变得高冷，不容易亲近，读者读完可能一头雾水。一个玩具不错，但是被锁在一个难以打开的盒子里，这感觉太不爽了，要是包装实在打不开，人们会选择放弃这个玩具。一个观点的包装要是太难打开，人们可能就会放弃这个观点。

把上面这种表达中那些抽象的词语拿掉，不要说"食物摄取方式""质量指数""正相关关系""函数""单调递增"，改成通俗的话来说，就像书中给出的修改案例。

通俗表达版：

吃得越多，变得越胖。

正所谓：像智者一样思考，像普通人一样说话，而不是反过来。

假设让你写一段文字来介绍"边际"这个经济学概念，你该如何解释呢？如果用一大堆术语解释边际成本、边际收入、边际产量、边际效用，估计就把读者绕蒙了。我们看看薛兆丰在《薛兆丰经济学讲义》中是怎么解释的。

那么到底什么叫边际？边际就是"新增"带来的"新增"。

例如，边际成本就是每新增一个单位产品所需要付出的新增成本；边际收入是每多卖一个产品能够带来的新增收入；边际产量是每新增一份投入所带来的新增产量；边际效用是每消耗一个单位的商品所能带来的新增享受。

"新增"带来的"新增"，就叫边际。

装修时，我去建材市场跑过几次。发现有的卖家介绍时，喜欢用一大堆我不知道的术语。我本来就不熟悉建材，再加上这些乱七八糟的术语，更是被绕得脑子迷糊。有些卖家本来就不想我明白，故意用新术语介绍这些建材。不良的建材商家都知道用新知识讲新知识，别人不容易懂，我们怎么能不知道这样的道理呢？

明知，就不能故犯。

但是要注意：我说的是要通俗，并不是要庸俗，更不是要低俗。

"十点读书"的创始人林少在谈"什么是优质内容"时，有一段这样的描述：它不能高冷，不能让大多数人望而却步；它不能低俗，不能只迎合人们的欲望。

武器 2：举例子

换一种方式解释的第二招：举例子。

举例子是特别常用的解释工具，遇到不好解释的事情，尝试举个例子吧。

为了方便理解，我们先举个例子。吴军先生在自己的课程中提过一个想法："小数字世界里人的想法和做事方法，一定是和小数字世界相适应的，而生活在大数世界里的人，做事的方法完全不同。"

这就意味着从小数量总结出来的做法，遇到大数量问题时可能会失效。但是如果只总结到这一步，听课的人可能就懵懵懂懂，觉得自己听明白了，还是不知道具体是什么意思。

为了更好地说明，吴军接下来举了个例子。

我在商学院给 MBA，特别是 EMBA（高级管理人员工商管理硕士）的学员讲课的时候，常常会对学员们做这样的调查：请有 100 双以上鞋子的女生举手。一般来说，MBA 的女学员中会有一半举手，而 EMBA 班的这个比例则高达 80%。然后我再让只有不到 10 双鞋子的学员举手，一般会有一些男生举手。

接下来我就问这两组不同的人管理自己鞋子的方法。那些只有不到 10 双鞋的人都是将鞋子随意地放在一起，不需要管理，出门之前扫一眼，选择一双就好了。

而那些有超过 100 双鞋的人，几乎无一例外地进行了分类管理，否则的话，出门前面对这 100 多双鞋每一双花 20 秒钟考虑一下，将近一个小时就过去了，约会恐怕就要迟到。

如果鞋子再多，该怎么办？恰巧有一次有一个学员是做网上代购生意的，做的品类有几百种，累计卖了近万双鞋，对他来讲，简单分类已经不能够解决问题了，他必须对鞋子建索引。

类似地，我的一个朋友藏书近万册，也需要对书籍建索引，找一本书的时候，先要从索引中找到那本书在第几排书架、第几个架子、第几层，然后到那一排去找书。

如果我们是一个管理者，管理 3 个人的时候可能得心应手，但是我们不能想当然认为管理 3000 人也可以用类似的方法。管理 3000 人用的办法可能完全不同。

通过例子，我们更容易理解：小数世界和大数世界的做事方法是不同的。

在 2020 年，凯迪拉克做了一个口碑不错的广告，介绍了一条人生经验：二次箴言。通俗点说，二次箴言是说有些事做第二遍的时候，你才会有领悟，才能找到窍门，才能找到关键点。

第一遍懵懵懂懂，第二遍才能摸到门道。

凯迪拉克没有干巴巴地讲这个道理，而是进行了疯狂的举例。

看看这支广告的原文吧。

第二次买房就知道，

要早上看一次，晚上看一次，

下雨天再看一次。

第二次怀孕就知道，

老公再好，不如一个侧卧枕头。

第二次 home party（家庭聚餐）就知道，

餐具要准备越多越好。

第二次投资就知道，

抄底，抄底，深不见底。

第二次买车就知道，

后驱才是该有的标配。

没有后驱，不算豪华。

第二次跳槽就知道，

趣味相投很重要。

第二次养猫就知道，

沙发不选贵的，只选不心疼的。

第二次相亲就知道，

背调要严，恋爱才甜。

第二次搬家就知道,

该扔就得扔。

第二次减肥就知道,

一个西瓜,等于八碗米饭。

第二次拍 vlog(视频网络日志)就知道,

选对 bgm(背景音乐)比怎么拍还重要。

第二次当伴娘就知道,

一定要穿平底鞋。

第二次装修就知道,

跟着电影学配色才叫高级。

例子如果举得好,不但让观点讲得透彻,读者的印象也会更加深刻。凯迪拉克这个案例特别值得我们研究和学习。

再看一段薛兆丰的讲解:

稀缺、选择、区别对待和歧视这四个概念,其实是一体的,只要有一个就意味着同时有其他三个。也就是说,我们不能够回避歧视,而只能直面歧视,并进一步讨论人在什么情况下会歧视,歧视的条件又是什么,谁来歧视,以及歧视的后果是什么,等等。

我们永远不能避免歧视。例如,资源有限,一块木材,拿来造铅笔,就不能拿来盖房子;时间有限,今晚去看电影，就不能留在家里看电视；金钱有限，买了王菲的唱片，就不能买别人的唱片了。

当我们购买王菲的唱片时，其他歌手在我们这里就被歧视了。如果不喜欢说这是歧视，那换个词，叫区别对待，其实是同一个意思。

我跟太太结婚，也是做了选择。我娶了她，就歧视了世界上其他的女人，也歧视了世界上所有的男人，因为现在有些国家同性也可以结婚了。虽然我挺想平等对待所有人的，但是法律不允许我这样做。

所以说，只要稀缺不可避免，选择就不可避免，区别对待就不可避免，歧视也就不可避免。

你觉得这段讲解如果把例子都删除了，还完整吗？

例子是一把梯子，没有了例子，概念就还挂在树上，吃不到嘴里。

《明朝那些事儿》中，也有很多这样的优秀段落。当年明月要讲一个道理：辩论不一定能解决问题，要靠实力。我们看看当年明月是怎么说的。

很多人口若悬河，豪言壮语呼之即来，能讲得江水倒流，天花乱坠，但做起事来，却是一无是处，瞻前怕后。古代雅典的雄辩家们口才极好，擅长骂阵，指东喝西，十

　　　　　　　　　　　　学习学习

分威风，但马其顿的亚历山大长枪一指，便把他们打得东倒西歪，四散奔逃。辩论和演讲从来不能解决问题，因为这个世界是靠实力说话的。

为了说明举例子的用处，看看我举了多少个例子，希望你也学会举例子。

武器 3：做类比

换一个方式解释的第三招：类比。

为了理解一件事，用另外一件简单的事来说明，这就是类比。类比常见的说法就是"打个比方"。也正因为如此，类比跟例子不同，例子是直接说明，用的是这件事自己的示例；类比是间接说明，用的是其他事情。

之前在网络上看到一个类比的例子，用来介绍什么是平均分配，什么是按需分配。

按需分配和平均分配的不同如何理解？打个比方。假定有三个人站在墙外，想看墙内的一场比赛。三个人身高不同，有高有矮，墙有点高，遮挡视线。要是想看比赛，他们需要在脚下垫上砖头。如果是平均分配，每个人都得到两块砖头，高个子本来用一块就够了，现在多了一块。个子最矮的本来需要三块砖头，但是现在只得到两块，还是看不到比赛。按需分配就不同，要考虑到三个人的身高差异，个子最高的拿一块砖头，个子最矮的拿三块砖头。这样三个人都能看到比赛了。这就是平均分配和按需分配的差异。

通过这样的类比，两个概念之间的区别就介绍清楚了。

类比用得好，理解难度小；类比选得妙，解释有奇效。

1981 年 10 月，国家经委、国务院体制改革办公室《关于实行工业生产经济责任制若干问题的意见》强调："实行经济责任制，目前还处在探索阶段，各地区、各部门要加强领导，要摸着石头过河，水深水浅还不很清楚，要走一步看一步，两只脚搞得平衡一点，走错了收回来重走，不要摔到水里去。"报告引用"摸着石头过河"，生动、准确地表达在经验不足的情况下要探索着前进。"摸着石头过河"后来也成为大家的常用类比。

辜鸿铭也曾用精妙的类比形容过"银行家"。而且他的形容还变成了一条英国谚语："银行家是这样的人——当天气晴朗时，硬把雨伞借给你；阴天下雨的时候，又凶巴巴地要将伞收回去。"

类比能让抽象的事情瞬间变得形象起来。跟抽象相比，形象的事情明显更好理解。

鲁迅在《呐喊》中也有一段精彩的类比，你肯定很熟悉。

我在朦胧中，眼前展开一片海边碧绿的沙地来，上面深蓝的天空中挂着一轮金黄的圆月。我想：希望本是无所谓有，无所谓无的。这正如地上的路；其实地上本没有路，走的人多了，也便成了路。

鲁迅关于希望的描述，很多人都还给语文老师了。

但是"其实地上本没有路，走的人多了，也便成了路"，这个类比很多人到现在还记忆犹新。

富兰克林·罗斯福是美国历史上唯一一位连任四届的总统。当他第四次当选总统以后，有位记者来问他："第四次当选总统是什么感受？"罗斯福没有当场回答他的问题，而是请这位记者吃三明治。

吃第一块三明治的时候，这位记者觉得这可是殊荣啊，真是了不起，自己面子真大；吃第二块的时候他觉得已经感觉平平了；吃第三块的时候，他已经很难咽下去了。

然后罗斯福把第四块三明治放到这位记者的面前，说："你把这第四块三明治吃下去，你刚才问我的问题，我就不用回答了，你自己会有亲身感受。"

这个故事我是在薛兆丰的课里听到的，我当时就在想，罗斯福真是解释高手，吃一下三明治，就把当总统的感受说清楚了。这太值得我们学习了。

薛兆丰还讲了一个使用同样技巧的案例。很多人建议政府把医疗费用全包，但是你发现这会产生新的问题，人们会增加自己本来不需要的医疗需求，导致最后的医疗费用远高于之前医疗费用的总和。为了解释这个想法，你会怎么讲解呢？

我们看看薛兆丰在自己的经济学课中是如何讲解的：

> 我还听过一种说法：政府可以把全民的医疗费用包起来，不外乎多少多少钱。这种说法忽略了一个最根本的问题，就是人的需求其实是无限的。我经常说，一个普通人平时能吃三两，到了自助餐厅，他就能吃一斤。当政府把所有医疗费用包起来以后，人的需求就不再是原来的需求了。

类比的关键就是要找到不同事物之间的共同点，这个共同点恰巧能解决理解上的难题。

好的类比要符合以下三个特点：

第一，类比的事物特别形象，好理解；

第二，类比的事情跟要讲的概念有共通点；

第三，这个共通点恰好能解释概念中比较难懂的部分。

在刘慈欣的《三体》中，有一段非常精彩的类比应用。在第一本的尾声，人类已经发现了三体文明与地球的联系，而且知道三体文明有办法利用智子来阻碍人类科学的进步，400 年后，三体舰队将抵达地球，他们的命运似乎只有死亡。得知这一切的汪淼、丁仪等内心崩溃了，面对末日的无能为力，让人崩溃，特别是三体发来的那个消息更加让人崩溃：你们是虫子。

下面是这一段的原文。

下楼后，三人上了大史的车。当车开动时，汪淼大着舌头问去哪儿，大史回答："我老家，不远。"

车开出了城市，沿京石高速向西疾驶，刚刚进入河北境内就下了高速公路。大史停下了车，把车里的两人拖出来。丁仪和汪淼一下车，午后灿烂的阳光就令他们眯起了眼，覆盖着麦田的华北大平原在他们面前铺展开来。

"你带我们来这儿干什么？"汪淼问。

"看虫子。"大史点上一支斯坦顿上校送的雪茄说，同时用雪茄指指面前的麦田。

汪淼和丁仪这才发现，田野被厚厚的一层蝗虫覆盖了，每根麦秆上都爬了好几只，地面上，更多的蝗虫在蠕动着，看去像是一种黏稠的液体。

"这地方也有蝗灾了？"汪淼赶走田埂一小片地上的蝗虫，坐了下来。

"像沙尘暴一样，十年前就有了，不过今年最厉害。"

"那又怎么样？大史，什么都无所谓了。"丁仪带着未消的醉意说。

"我只想请二位想一个问题：是地球人与三体人的技术水平差距大呢，还是蝗虫与咱们人的技术水平差距大？"

这个问题像一瓢冷水泼在两名醉汉科学家头上，他们盯着面前成堆的蝗虫，表情渐渐凝重起来，两人很快就明白了大史的意思。

看看吧，这就是虫子，它们的技术与我们的差距，远大于我们与三体文明的差距。人类竭尽全力消灭它们，用尽各种毒剂，用飞机喷洒，引进和培养它们的天敌，搜寻并毁掉它们的卵，用基因改造使它们绝育，用火烧它们，用水淹它们，每个家庭都有对付它们的灭害灵，每个办公桌下都有像苍蝇拍这种击杀它们的武器……这场漫长的战争伴随着整个人类文明，现在仍然胜负未定，虫子并没有被灭绝，它们照样傲行于天地之间，它们的数量也并不比人类出现前少。把人类看作虫子的三体人似乎忘记了一个事实：虫子从来就没有被真正战胜过。

太阳被一小片黑云遮住了，在大地上投下一团移动的阴影。这不是普通的云，是刚刚到来的一大群蝗虫，它们很快开始在附近的田野上降落，三个人沐浴在生命的暴雨之中，感受着地球生命的尊严。丁仪和汪淼把手中拎着的两瓶酒徐徐洒到脚下的华北平原上，这是敬虫子的。

"大史，谢谢你。"汪淼向大史伸出手去。

"我也谢谢你。"丁仪握住了大史的另一只手。

武器 4：用图示

换一种方式解释的第四招：用图示。

文字天然就是抽象的，图示就要直观很多。

在《一页纸工作整理术》一书中，丹·罗姆讲过一个经典的案例。

1974 年，经济学家阿瑟·拉弗在哥伦比亚特区的一个酒吧里遇到了两个共和党人。拉弗要给他俩介绍税率如何影响税收。他没有选择只口头介绍，而是选择换一个方法来说明。他随手拿起一张餐巾纸，然后画出一个坐标轴，纵轴是政府的税收总额，横轴是税率。（见图 3-17）

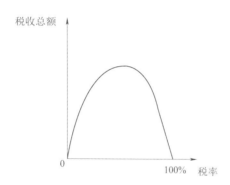

图 3-17　拉弗曲线

拉弗解释，税率和税收的关系就像这条曲线：税率为 0 时，税收为 0；税率为 100% 时，税收也为 0。过了顶点的位置，如果政府要增加税收，不应该提高税率，相反要降低税率，这样才能增加税收总额。

听拉弗解释的这两个人，并不是普通的路人甲和路人乙，他们是当时福特总统的助理迪克·切尼和唐纳德·拉姆斯菲尔德。

餐巾纸上简单的图示，让他们立刻明白如何解决税收额度的问题了。两人惊叹不已，立刻把餐巾纸带回白宫，并交给当时的总统福特。

这条看似简单的曲线，就是著名的"拉弗曲线"。

美国政府后来很多减税政策背后的原理都是这张图。

乔布斯当年在MacBook Air电脑发布会上也用过这个策略。为了让大家更好地理解苹果MacBook Air和索尼产品厚度的区别，他用了图示，先放了一张图展示索尼产品的厚度，然后再放了一张图展示苹果产品的厚度，把两个产品做了直观的对比，这比单纯的数字对比更容易让人理解。

"如果想切实解决问题（说得直接点，如果你想获得投资），最好的方式就是提供清楚明白的图来说明问题究竟是什么。"《一页纸工作整理术》作者丹·罗姆说。

有的时候，一张图片胜过一千个文字。有的时候，一个视频胜过一千张图片。

写作时，受到书这个载体所限，图示是个好工具。

在日常生活中，图示还可以扩展为视频。

武器 5：讲故事

换一种方式解释的第五招：讲故事。

一部《圣经》，一个故事接着一个故事，慢慢地，道理就讲清楚了。从这个角度想，一部《圣经》就是一个超级故事会。

这就非常值得我们学习。不要干巴巴地讲道理，要学会讲点故事。单独听道理，就好像吃干饭，虽然管饱，但是不好下咽。有了故事，道理就变成了粥，吃起来更顺滑，压力小很多。

而且故事能创造一种临时的"共同经历"，有了这个"共同经历"，读者更容易理解作者在说什么。

提到用讲故事来说明，不得不提到乔布斯在斯坦福大学的那篇演讲。斯坦福大学的毕业生应该智力不差，乔布斯面对他们也没有选择把干巴巴的道理直接甩出来，他在演讲开场说道：

> 今天，很荣幸和各位一起参加你们的毕业典礼，斯坦福大学是世界上最好的学校之一，今天你们毕业了。我从来没从大学毕业过，说实话，这是我离大学毕业最近的一刻。今天，我想给你们讲三个我生活中的故事。就这样，简简单单，只有三个故事。

乔布斯想通过第一个故事告诉大家：人生中的很多事，你在当时看，很可能完全不知道它有什么意义，也不知道它对你的人生会产生什么影响，但是当你回头看，你会发现这些点点滴滴居然可以串联起来。很多事情回头看才能串起来，才能看清脉络。这是看待人生的新角度。

　　第一个故事，是关于如何串联起人生中的"点"。

　　我在里德学院读了六个月之后就退学了，后来陆陆续续在学校还待了十八个月左右，然后我就彻底退学了。我为什么要退学呢？

　　故事要从我出生之前讲起。我的亲生母亲是一个年轻的大学毕业生，未婚。她决定让别人收养我，她非常非常希望我能被大学毕业生收养。就这样，一切都为我规划好了，我一出生就会被一对律师夫妇收养。但事与愿违，我出生的时候，这对律师夫妇在最后一刻突然决定要收养一个女孩。

　　我的养父母当时还在等待名单上，就突然在半夜接到了一个电话，问他们："有一名意外出生的男孩，你们要领养他吗？"他们回答道："当然！"但我的亲生母亲随后发现，我养母的学历不是大学毕业，我的养父甚至高中都没毕业。她拒绝签最终的领养协议。直到几个月后，我的养父母保证将来一定会让我上大学，她的态度才软化。

　　十七年之后，我真的上了大学。但是我很天真地选择

　　　　　　　　　　　　　　　　　　　　　　学习学习

了一所跟你们斯坦福大学的学费差不多贵的学校。我养父母是普通的蓝领，他们几乎把所有积蓄都花在了我的学费上面。六个月后，我已经看不到其中的价值所在。我不知道我的一生到底要怎么过，我也不觉得大学能帮我想到这个问题的答案。

但是在这里，我几乎花光了我父母这一辈子的所有积蓄。所以我决定要退学，内心相信后面一切都会好起来。当时，这个决定看起来挺吓人的，现在回望，那是我这辈子做过最好的决定之一。当我休学之后，我再也不用上我没兴趣的必修课，而是把时间拿去听那些我有兴趣的课。

这个过程没有那么美好。我没了宿舍，所以只能睡在朋友家的地板上。我去捡5美分一个的可乐瓶子，然后用钱买吃的。在星期天的晚上，我要走七英里，穿过这个城市到哈瑞·奎师那寺庙（位于纽约布鲁克林下城），只是为了能吃上饭——这个星期唯一一顿好一点的饭。但是我喜欢这样。在追随好奇心和内心这个过程中，我跌跌撞撞碰到的很多事情在我之后的生活中都被证明是无价之宝。让我给你们举一个例子吧。

里德学院在那时有也许是全美最好的书法课。这个大学里的每张海报，每个抽屉的标签，上面全都是漂亮的手写书法。我退学了，不用上那些常规课程，所以我决定去上书法课，去学学怎样写出漂亮的美术字。

我学到了衬线和无衬线字体，学到了根据不同字母组合调整其间距，学到了如何做出漂亮的版式。这太美了，在艺术感和历史感上如此之细微与精妙，我觉得科学无法捕捉和描述这种感觉。我觉得这太迷人了。

　　这些东西在当时看来，在我生活中一丁点实际用处都没有。但是十年之后，当我们设计第一台 Macintosh 电脑的时候，我所学过的这些东西全都回来了。我们把这些书法知识都设计进了 Mac 电脑里。这是第一台有着漂亮字体的电脑。如果我当时没有退学，就不会有机会去参加这门我感兴趣的书法课，Mac 就不会有这么丰富的字体，以及赏心悦目的字间距。而 Windows 又是抄袭的 Mac，要不然可能世界上所有的电脑都没有这么漂亮的字体。如果我没退学，我就不会上这门书法课，个人电脑可能就不会有现在看到的漂亮字体。

　　显然，在大学的时候，我不可能把这些"点"串起来，但是十年后回头一看，这些点之间的关系特别清晰明了。

　　再次说明的是，你在向前展望的时候不可能将这些"点"串起来，你只能在回顾的时候将这些"点"连起来。所以你必须相信这些"点"会在未来的某一天串起来。你必须要相信某些东西：你的勇气、命运、生命、因果循环等等，任何一个都行。这个方法从来没让我失望，也彻底改变了我的一生。

　　　　　　　　　　　　　　　　　　　　学习学习

要是乔布斯不讲这个故事，直接给出最后的结论，可能这些斯坦福的毕业生也要听得云里雾里的。

当追寻自己的内心的时候，很多事情你去做就好，当时你可能也不知道做这些事情有什么用，但是后来回望的时候，你会发现它们一点点都串起来了。

这一点我受益良多，这和一般人"一切靠计划的人生规划"完全不同，你坚信的东西成为一条看不见的线，慢慢把你经历过的一切串联起来。

我也讲个故事吧。一个老师跟学生上课，然后问了学生一个问题："有个人要烧一壶水，生火的时候突然发现柴火不够，他应该怎么办呢？"同学们七嘴八舌讨论方法，有的人说赶紧去砍柴，有的人说现在去砍柴来不及了，不如去跟别人借，有的人说借柴火还要搭人情，不如直接买一些柴火。就在这个时候，老师突然说了一句话："为什么不把壶里的水倒掉一些呢？"有的时候，我们需要添加能力，钱不够，要想办法去挣；但有的时候，你要做的其实是"倒掉"一些欲望。不知道这对你有没有启发。

很多道理，配上故事，会更加通透。所以，学会讲故事吧。

最后，建议你去读一篇文章。1958 年，伦纳德·里德在《自由人》（*Freeman*）杂志上发表了一篇文章《铅笔的故事》（I, Pencil），用一个铅笔的故事，讲透了经济学原理。米尔顿·弗里德曼在多年后为本文写了导语，其中写道："伦纳德·里德引人入胜的《铅笔的故事》已经成为一篇经典之作，它也确实是名副其实的经典。据我所知，再也没有其他的文献像这篇文章这样简明扼要、令人信服、有力地阐明了亚当·斯密的'看不见的手'——在没有强制情况下合作的可能性——的含义，也阐明了弗里德里希·哈耶克强调分立的知识和价格体系在传播某些信息方面的重要含义，而这些信息将使个人无须他人告诉做这做那而自行决定做可欲的事情。"

武器6：旧知识

换一种方式解释的第六招：旧知识。

做自己得心应手的事情，似乎闭着眼睛都能完成，去做一件新的事情，就会显得笨拙。中国人用中文说话，就会比用英文说话显得聪明得多；一个美国人说英文和说中文时状态也不一样。

新知识是陌生的，陌生会带来压力。平时社交，见到老熟人，感觉舒服，侃侃而谈，觥筹交错。见到陌生人，好多人就不自在了，手心冒汗，心里犯愁，找不到话题。新知识是陌生人，旧知识是老熟人。

如果老熟人带着我们去跟陌生人社交，我们会轻松很多，如果老熟人跟这个陌生人还认识，那就好上加好，轻松不少。

如果我们能用别人已经知道的知识来介绍新知识，整个过程就会简单轻松很多。这就是用"旧知识"讲"新知识"。

大家都知道乔布斯做产品厉害，有很多创新，但很少有人注意到他其实是一个用"旧知识"讲"新知识"的高手，哪怕是很多看起来非常简单的新知识，他也会用旧知识来体现，效果非常好。

第一个例子是当年他介绍 iPod nano 音乐播放器的发布会。2005 年，乔布斯要向全世界介绍自己的音乐播放器，他想让大家知道 iPod nano 有多小。可能很多人在这种情况下会说这个东西有多宽、多长、多厚，但是乔布斯没有选择用这个方式。而是摸了摸自己的牛仔裤右侧大兜上面的小兜问道，我一直不知道这个小兜是干什么的，然后他慢慢地将 iPod nano 从这个小兜里面拿了出来。穿过牛仔裤的人都知道这个兜有多小，一般也放不了什么，当 iPod nano 从里面拿出来后，大家一下就知道 iPod nano 有多小了，这是用数据无法介绍清楚的一种体验。

第二个例子是 MacBook Air 发布会。如何让观众理解新的 MacBook Air 有多薄呢？你已经知道公布数字不一定是最佳模式了，大部分人对数字没有那么熟悉。乔布斯选择了利用文件袋，大家都熟悉薄薄的文件袋不太能装下特别厚重的笔记本电脑，至少在这之前笔记本电脑很难装到文件袋里。当他从文件袋里抽出 MacBook Air 的时候，一切不言自明。听众完全熟悉这种生活体验，你要表达的想法一下子就传达清楚了。

当这些旧知识在现场演示出来，效果不言而喻。

乔布斯还会用"旧知识"为创新扫除障碍，这是很多人没有想到的。现在当我们提到手机界面设计的时候，可能大部分时间都在讨论"美观"。但是回到 2007 年，iPhone 刚刚发布，只有一个按键的手机如何让大家接受？好看的设计真能有利于这个创新的推广吗？设身处地想一想，如果你要在公司里推行一个新想法，你会怎么做？很多人的选择就是不断介绍这个东西有多好，希望大家看到它的好处之后欣然接受，但往往事与愿违，介绍了半天好处，大家还是不接受。很多人不接受不是因为看不到好处，而是因为学习新东西成本太高了，这个学习成本拦住了很多人。创新的东西不但要有好处，还应该有更低的学习成本。我们讲解新知识也是如此，学习新知识有好处，如果我们能同时降低学习成本，我们的功力就再上了一个台阶。

　　回到苹果手机这个案例。iPhone 的设计理念是超前的，整个手机只有一个按键，要知道当时其他手机都不是这样的，而且大家已经习惯了传统的手机。如果苹果不采取一些特殊的办法，iPhone 很有可能会被"不会用"拦在门外。

　　乔布斯用了一个非常巧妙的方法：拟物设计。这一方面符合他个人的审美，另外一方面使人们更容易知道如何使用新手机。比如，手机里的计算器就和现实中的计算器长得很像，学习成本一下子拉低了，只要你会用生活中的东西，你就会用苹果手机。拟物就是在新事物中插入旧知识，让人们更容易接受。

　　如果乔布斯一开始就使用现在流行的扁平化设计，可能反而不利于 iPhone 的推广，因为那个时候时机还不成熟。

不要一味介绍新知识，要学会引入旧知识，让人们熟悉的旧知识为新概念开道。

武器 7：讲清"为什么"

换一种方式解释的第七招：解释清楚为什么。

如果你和别人说，"中国的算盘是最早的计算机，但是古希腊的石子算盘不是计算机"，然后这个讲解就结束了，别人的内心是一种什么感觉？他们的内心会充满无数个"为什么"。这些"为什么"如果消除不了，大家其实就并没有听懂这句话，这就形成了沟通障碍。把"为什么"讲清楚，大家才更容易明白。我们平时听了太多"是什么"，是时候多讲讲"为什么"了。

硅谷的计算机历史博物馆的展牌上写着：计算机的 2000 年历史。很多人想不到，中国的算盘居然算是计算机。如果算盘是计算机，那么希腊的算盘为什么不算呢？要解释这个问题，一定要把为什么说清楚。吴军在他的课程里解释了原因，大致意思是，古希腊的算盘虽然看起来和中国算盘很像，但它其实是用石子来计数，本质上就是一个记录工具，代替本子来记录运算的结果，运算还是要靠心算，这和计算机的逻辑不同。而中国的算盘有一套使用口诀，这个口诀就相当于控制计算机的指令，就相当于软件。而算盘本身是一套机械装置，等同于早年计算机的硬件。口诀这个"软件"和算盘这个"硬件"配合，计算出结果，这样才能称为计算机。真正打算盘的人，并没有在心算，而是根据口诀，通过算盘运算出结果，算盘在口令的指挥下，完成计算的过程，这才是计算机，不然只能是计数器。现代的计算机也分为软件和硬件。软件提供指令，硬件完成运算。

吴军的解释就把"为什么"说清楚了。一旦讲清楚了为什么，观点就更容易被理解，被理解了的观点更容易被吸收。好多事情讲不明白，原因就是没有讲清楚"为什么"。建议多花时间研究"为什么"，然后把它讲清楚。

要讲好为什么，就要我们对事情的底层原理更了解，能通过现象找到事物的本质。这可没有想象中的那么简单，我们必须练就一点硬功夫。这一点和前面介绍过的解释方法有点不同。自己的知识不扎实，想把底层原理讲明白会很难。吴军如果自己没有深入理解计算机的本质要素，就很难真正讲清楚。这种讲解特别考验"知识硬功夫"。

让书面表达清晰的三个方法

方法 1：精简内容

思考时先精简自己的文字，这样讲话时更容易精简自己的表达。

我们听人说话，也不喜欢那种绕来绕去、废话连篇的方式。就好像我们打车，不喜欢司机绕路，不但多花了钱，还浪费不少时间。大家都很忙，把信息做得精简一些，对大家都好。手机上的短视频已经只有十几秒了，文字本来就不如视频直观，如果写得又臭又长，真的不讨人喜欢。

蔡学镛在微博中有一段话极为精彩："简短精要是一种美德。写文字简短精要，写代码简短精要，说话简短精要，演讲简短精要。那些长篇大论的，通常都不知所云。没有整理清楚，连自己都不知道自己输出了些什么。"

要做到精简，就需要删减内容。乔治·奥威尔有个四字口诀，极为精妙：

能删则删。

那删什么呢？读一下威廉·斯特伦克的观点就比较清晰了。

文章有力贵在简洁。句子不应包含不必要的词语，段落不应包含不必要的句子，同理，一篇文章不应有不必要的段落，机器不应有不必要的零件。这不仅要求作者应保持所有句子简短，避免细枝末节，仅扼要阐明主题，更要斟酌所说的每一个词。

总结一下，有三个删除项：

• 文章里，删除不必要的段落。

- 段落里，删除不必要的句子。
- 句子里，删除不必要的词语。

删删删，文章更简单。

举个例子，好多文章中都有不少不必要的抽象名词，类似"问题""模式""水平"等。删掉这些意义不大的词，句子就会精简不少。

《风格感觉：21世纪写作指南》中说过一个例子：

一个有着心理健康问题的人会变得很危险。

这句话好像也没什么大毛病，但其实还能精简，比如"问题"这个词就不是特别必要，书中建议可以改成下面这样：

有心理疾病的人会变得很危险。

精简后的句子，更容易读，更朗朗上口。

再看一个例子：

很多人都想提高自己的领导对个人方案的接纳程度。心中的最佳方案是提高自己的沟通水平，特别是要提供自己讲解的清晰度。领导无法提高对你方案的接受度是因为对方还没有正确理解你观点的内涵。如果对方真的理解了你沟通内容的核心意义，他其实就能充分接受你的方案。然而真实情况却并非如此，对方明白你的方案有很多好处，只不过你提及的这些好处在对方心中的地位不高。

这个案例中，有好多无意义的抽象名词，如"程度""清晰度""水平""接受度""观点的内涵""核心意义"。可以大胆删减，稍加修改，就会更顺口，不至于读起来这么别扭。

很多人认为如果自己沟通能力更强，老板就能更快接受自己的方案，领导不接受自己的方案，是因为还没听懂，要是听懂了，就接受了。但真实情况是，他可能听懂了，只是觉得那事不重要。

精简后，少了好多字，反而读起来更顺，意思也更清楚。一定要记住"能删则删"这四个字。

凡是写过的内容，都要"删几遍"。改文章，不要总是东修修，西补补，还要真下决心"删"内容。

以后，文章写完，记得告诉自己，后面还有两项工作：一项是"删"；一项是"改"。

删和改配合起来，文章慢慢就变得精简，读起来格外顺畅。

最后，还要提醒一下。精简并不意味着短才是好，而是要看废话占比。

如果文章写得长，但是废话少，那就不能随便删。有些内容删了，很多意思就说不清楚。一篇 1 万字的文章，如果字字珠玑，那么也是精简的。一段 300 字的文字，如果废话非常多，反而啰唆。所以精简的关键不是短，而是减少废词，减少废句，减少废段落。

叶开在《写作课》中说："最有效、最强有力的传递，是语言携带高信息量。"

举一个让我特别震撼的例子，它向我展示了简洁可以做到怎样极致。这个例子也是我在叶开的《写作课》这本书里看到的。

> 世界上最短的一篇文章是什么，同学们知道吗？
>
> 这篇文章叫《生活》，只有一个字："网"。
>
> 这是著名诗人北岛在二十世纪八十年代写的一首诗。
>
> 太短，以至于不可能更短。

方法 2：长句变短句

在《一本小小的红色写作书》中，有一个经典的例子。先看下面这段话：

> 领导力——不论是在战场还是其他领域，如政治或商

业——能够通过榜样或指挥产生。亚历山大大帝不论在历史还是传说中都赫赫有名，他就是通过指挥和个人榜样进行领导的军事领袖的极佳典范。而甘地和特蕾莎修女二人都因为献身伟大事业而闻名，是主要通过个人榜样的激励力量进行领导的范例。

这段话读起来费劲，原因就是句子偏长。句子长，里面信息就多，大脑处理起来就更困难。吃饭的时候，嘴里塞满东西，就不好下咽，一小口一小口地吃就很舒服。写文章也是同理，句子太长，最好进行拆分，把长句子拆成两三个短句子。

修改后的版本如下：

领导力能够通过榜样或指挥产生。亚历山大大帝就是一个在这两方面都做到的军事领袖典范。相反，甘地和特蕾莎修女则主要通过个人榜样的激励力量进行领导。

拆成短句后，这几句话更容易读下来，我们读的时候也不至于憋得喘不上气。

每次提到要学会写短句，我都会想起汪曾祺的散文《豆腐》，其中一段是这样写的：

豆腐最简便的吃法是拌。买回来就能拌。或入开水锅略烫，去豆腥气。不可久烫，久烫则豆腐收缩发硬。香椿拌豆腐是拌豆腐里的上上品。嫩香椿头，芽叶未舒，颜色紫赤，嗅之香气扑鼻，入开水稍烫，梗叶转为碧绿，捞出，揉以细盐，候冷，切为碎末，与豆腐同拌（以南豆腐为佳），下香油数滴。一箸入口，三春不忘。

这段文字读起来节奏感极好，丝毫不费力，越读越能感受到作者对拌豆腐的喜欢。读到最后一句"一箸入口，三春不忘"，回味十足。有的时候写句子找不到节奏感，就读读这段话，或许能找到感觉。

建议积累一些优秀的短句片段，平时下笔前，读一读，能帮助自己找到短句的节奏。读的时候别忘了提醒自己：少写别人看不懂的长句子。

再分享一些精彩的短句片段。

比如朱自清《背影》里的这一段：

我说道，"爸爸，你走吧。"他往车外看了看，说，"我买几个橘子去。你就在此地，不要走动。"我看那边月台的栅栏外有几个卖东西的等着顾客。走到那边月台，须穿过铁道，须跳下去又爬上去。父亲是一个胖子，走过去自然要费事些。我本来要去的，他不肯，只好让他去。我看见他戴着黑布小帽，穿着黑布大马褂，深青布棉袍，蹒跚

　　　　　　　　　　　　　　　　　学习学习

地走到铁道边，慢慢探身下去，尚不大难。可是他穿过铁道，要爬上那边月台，就不容易了。他用两手攀着上面，两脚再向上缩；他肥胖的身子向左微倾，显出努力的样子。这时我看见他的背影，我的泪很快地流下来了。我赶紧拭干了泪，怕他看见，也怕别人看见。我再向外看时，他已抱了朱红的橘子往回走了。过铁道时，他先将橘子散放在地上，自己慢慢爬下，再抱起橘子走。到这边时，我赶紧去搀他。他和我走到车上，将橘子一股脑儿放在我的皮大衣上。于是扑扑衣上的泥土，心里很轻松似的，过一会说，"我走了，到那边来信！"我望着他走出去。他走了几步，回过头看见我，说，"进去吧，里边没人。"等他的背影混入来来往往的人里，再找不着了，我便进来坐下，我的眼泪又来了。

这段文字有一个特点，两个标点之间很少超过 15 个字，这样的文字读起来就容易。我们写文章时要看看：两个标点之间是不是有太多字。

同时我特别推荐读读杨绛写的《我们仨》，整本书里都没有太长的句子，读的时候很舒服，一个长者平心静气地讲着家里的故事，情真意切，娓娓道来。

钱锺书先生和女儿相继去世，家里只剩杨绛一人。她在书中写道：

一九九七年早春，阿瑗去世。一九九八年岁末，锺书去世。我们仨就此失散了。就这么轻易地失散了。"世间好物不坚牢，彩云易散琉璃脆。"现在，只剩下了我一人。我清醒地看到以前当作"我们家"的寓所，只是旅途上的客栈而已。家在哪里，我不知道。我还在寻觅归途。

没有复杂的长句，只有看似简单的讲述，看着看着，让人眼泪止不住地流下来。

这是文字的力量。

一寸短，也可以一寸强。

除了多读短句的片段，自己还要动手练，培养"大卸八块"的本领。平时读文章，要是看到一些长句子，记录下来，自己把它们拆分成短句。练得越多，功夫越精进。慢慢养成写短句的意识，再慢慢养成写短句的习惯。

假如你读书时看到这样一段话：

没有目标的关键对话非常容易被激烈的情绪牵引，所以说如果想确保关键对话的有序进行，必须在对话之前对对话目标进行认真思考，而且要切记：你要建立的对话目标不能单纯是自己的目标，一定要将对方的诉求考虑在内。

这段话虽然不是特别糟糕，但还是有优化空间的。平时读到类似的文字，就告诉自己：试试改一改。改得越多，精进越快。把长句子改写成几个短句子，改多了后会发现挺有趣的。你可以试试改一下上面的文字。

我自己修改了一下，列在下面：

> 关键对话要有目标，目标就像一根红绳，可以串起整个对话。没有目标，情绪就会占领对话。情绪会把红绳扯断，对话内容就像珠子一样散落一地。对话前，一定要思考清楚目标是什么。目标里包含你的诉求，更要把对方的诉求考虑进来。切记，切记。

不过还是要提醒一下，凡事不能走极端。多用短句，不意味着只能用短句。写得很清晰，读起来不拗口的长句是可以的。我不建议写冗长的句子，但不是说不能写长句。短句和清晰的长句相结合，形成节奏变化也很好。《一本小小的红色写作书》中有段很中肯的话：

> 保持文章内容清晰的方法之一，就是限制长句的使用，最简单的方法是把长句拆分成两到三个短句。提醒一下：使用短句的关键并不是所有的句子都要短，长短句相结合从而创造起伏变化的风格，也是写作艺术需要发挥作用的地方。作者在写作中必须判断如何交叉使用长短句，

同时还要判断如何变换句型。

方法3：分段控制阅读节奏

文章顺不顺口，除了要看句子，还要看分段。分段能把句子拆开，在句子间插入停顿，这样就能形成节奏。

通过分段，作者可以影响读者的阅读气口。

下面的文字来自《明朝那些事儿》，两段文字内容一字不差，对比一下就能感受到分段的作用。

文字未分段的话如下：

> 汉军的士兵们终于发现自己掉进了一个大大的麻袋里，敌人就在眼前，甚至可以看见他们盔甲上的反光，而这些敌人却纹丝不动，正用一种奇怪的眼神看着他们，那种眼神好似家乡过年时屠户看着圈里的猪羊。战场上出现了可怕的宁静。比死亡更可怕的宁静。这是令人毛骨悚然的一幕。他们并没有在这种可怕的沉默中等待多久，狮子山上的朱元璋挥动了黄旗。

书中是分段版：

> 汉军的士兵们终于发现自己掉进了一个大大的麻袋里，敌人就在眼前，甚至可以看见他们盔甲上的反光，而

　　　　　　　　　　　　　　　学习学习

这些敌人却纹丝不动，正用一种奇怪的眼神看着他们，那种眼神好似家乡过年时屠户看着圈里的猪羊。

战场上出现了可怕的宁静。

比死亡更可怕的宁静。

这是令人毛骨悚然的一幕。

他们并没有在这种可怕的沉默中等待多久，狮子山上的朱元璋挥动了黄旗。

分段后，几个关键句子独立成行，读者就会重视每个句子，句子间还有停顿。这三句能把氛围烘托起来，也能带动读者的情绪。不分段，读者就会平滑地读过去。读得快的人，甚至会略过去，氛围感会缺失很多。

要学习分段的技巧，我非常建议多看看《明朝那些事儿》这套书。作者的分段技巧很高明，好的分段在书中比比皆是。一旦遇到重点句子，当年明月就会分段，将重点句子单列一行，吸引读者的眼球。

再举一个例子，也是来自《明朝那些事儿》，我们对比一下分段和不分段的差异。

文字不分段的话如下：

更让他烦恼的是，陈友谅在上游，他在下游，让他很不舒服。这种心理其实我们很容易理解，好比你住在山坡下面，他住山坡上面，每次都要抬头看人家，很难受。陈友谅在江里洗脸，朱元璋就要喝他的洗脸水。陈友谅在江里洗脚，朱元璋就要喝他的洗脚水。陈友谅在江里撒尿，朱元璋……这个挥之不去的人就像达摩克利斯之剑，总是高悬在朱元璋的头上，哪有一夜得好眠。一定要打败他。

书中的文字是分段版：

更让他烦恼的是，陈友谅在上游，他在下游，让他很不舒服。这种心理其实我们很容易理解，好比你住在山坡下面，他住山坡上面，每次都要抬头看人家，很难受。

陈友谅在江里洗脸，朱元璋就要喝他的洗脸水。

陈友谅在江里洗脚，朱元璋就要喝他的洗脚水。

陈友谅在江里撒尿，朱元璋……

这个挥之不去的人就像达摩克利斯之剑，总是高悬在朱元璋的头上，哪有一夜得好眠。

一定要打败他。

特别是看到最后的"一定要打败他"，单独成段，就能让人感受到朱元璋灭陈友谅的决心。

《明朝那些事儿》中还有一段，朱元璋的侄子朱文正叛变了，选择与张士诚合作，意图打败朱元璋。事情起因就是陈友谅被灭之后，朱文正没有得到足够的封赏，心怀怨恨。

不分段版本：

> 天下谁还可以和朱元璋抗衡？只有张士诚了。就在他（朱文正）紧锣密鼓地准备时，朱元璋知道了这个消息。他丢下手中的工作，亲自来到洪都。他要清理门户。

书中的分段版本：

> 天下谁还可以和朱元璋抗衡？
> 只有张士诚了。
> 就在他（朱文正）紧锣密鼓地准备时，朱元璋知道了这个消息。
> 他丢下手中的工作，亲自来到洪都。
> 他要清理门户。

最后一句"他要清理门户"，处理方式和前文的"一定要打败他"相同。单独成段，让人感受到朱元璋下定决心要铲除败类了。

学会利用分段这个技巧，让重要的句子得到读者足够的重视，文章读起来节奏也会更顺畅。

就好像电影里切换场景一样，用分段带领读者进行视线的转移。

在写系列文章时，如果能坚持用到以上三个方法，文字的可读性就会大大增强。

做到这几点，不但我们的文字功底会提升，我们的"口才"也会进化，我们在重要会议上的发言就不会又臭又长，而是短小精悍，字字凝练。别人听起来不费劲，就更容易接纳我们所阐述的内容。

有了前三个模块的基础，下一章我们就进入第四个模块"实践应用"，用我们的所学改变我们的生活。实践应用包含两个方面，一个是"个人实践"，另外一个是"影响他人"。

第四章

付诸实践:

用行动改变人生

知识输入 ▶   卡片管理 ▶   构建体系 ▶   **实践应用 ▶**

如何打破"知易行难"的怪圈

最小阻力原则

很多人为了能行动起来，不断给自己施压。有的时候不但对自己如此，对别人也是如此，用这样的方式强迫自己向前。

我们的思路很简单：不断恐吓自己，制造焦虑。面对问题，告诉自己如果不解决，就升不了职，加不了薪，买不起房。我们的出发点是好的：如果问题足够紧迫，足够重要，自己就能更快行动起来。

但是真实情况是，如果你的动力来自焦虑，一旦焦虑缓解，动力也随之衰减，过不了多久，问题又会卷土重来。（见图 4-1）

图 4-1　以焦虑为动力的恶性循环

举个例子，你如果最近看各种网文，产生了认知焦虑，就会告诉自己：快点读书吧，再不读书自己就落后了。你不断夸大问题的严重性，果然有效，自己似乎开始重视起来，然后开始行动。但没有想到读了几本书后，大脑感受到了喜悦，你的焦虑开始缓解，很快读书的动力就消失了，还没摸热乎的书又被放回书架上。过了几个月，问题再次闪回，恍如昨日，熟悉的焦虑，熟悉的老味道。

对待他人时，这种循环模式也存在，很多亲子沟通就是这般。为了让孩子学习，家长拼命制造焦虑，告诉孩子：如果你不学习，以后就完蛋了，人生就无望了，就是废人一个；看看隔壁王老二的孩子，都已经优秀成什么样了；再不努力，自己只能浑浑噩噩过一生。最开始，在家长的胁迫下，孩子开始学习，但是一旦这种焦虑减弱，或者家长的逼迫减弱，孩子的学习动力就会快速下降。如果家长逼迫得比较久，耐力也足，孩子学习的行为能强行维持到高考，但一旦上了大学，这种管束远在天边，孩子的学习动力就会骤然消失。不少大学生都把宿舍用成了网吧，根据宿舍条件，分为好一点的网吧和差一点的网吧。现在有了手机，玩游戏更简单了，"网吧"都不需要了，直接用"网床"。床上一躺，手机一响，一日一日的时光，匆匆过往。

很明显这不是我们想要的模式。

我们要转换一下思路，不能总是用强制策略逼迫一个人成长，对待自己更是如此。

不要第一步就翻高墙，更不要给自己制造"必须翻过去"的焦虑。

为了让自己更顺利地开始行动，不要在一开始给自己设置过多的障碍。真实的情况是，你选择的路越好走，你越容易走下去。

这里就不得不提到一个思路：最小阻力原则。

> 最小阻力原则：在工作环境中，若各种行为对于底线的影响没有得到明确的反馈意见，我们倾向于采用当下最简单易行的行为。
>
> ——《深度工作》

关键不在于制造焦虑，而在于聪明的设计。

认真地评估好自己，尽量挑一个自己最容易做且能达成目标的方式。

还记得本书最开始讲过不要考验自己的毅力吗？这两个道理是相通的。

为什么我要选择骑自行车上班？因为对我来说这是"阻力

最小的健身方式"。

为什么我要选择先写卡片，而不是一上来就写文章？因为对我来说这是"阻力最小的写作方式"。

结合自身的情况，分析达到目标所有可能的方式，并给这些方式进行难易程度排序。同时分析这些方式达成目标的效果。综合分析后，选择一个效果还不错，同时最容易实施的方式。

如何选择自己的读书方式呢？用墨水屏设备、手机，还是读纸质书？

读书时，我发现要面对很多诱惑，手机上的游戏在召唤我，抖音向我频频抛媚眼，iPad 上的视频软件在呐喊着它们的孤单。用手机、iPad 读书就是一条较难的路，一路上妖魔鬼怪太多。后来，我改用了墨水屏设备。

对我个人而言，各种读书方式中，阻力最小的是用墨水屏看书，不用担心自己会中途去玩游戏，墨水屏里没有那么多"妖怪"，我就没必要逼迫自己去斩妖除魔了。我为什么不选择读纸质书呢？想想我后面的卡片整理方式，纸质书对我来说也有不小的挑战，整理笔记的难度会增加，耗时会增加，整理卡片的过程如果变得烦琐，坚持下去的难度也会增加，就需要用毅力来弥补。但这对不同人是不一样的，读书之前你应该想想，哪种读书方式是对你来说阻力最小的方式。

对我而言，身边只有墨水屏是阻力最小的，一旦还有别的选择，墨水屏似乎就不容易拿起来了。我选择在出门时主要就带墨水屏，黑白的世界简单而纯粹，会议纪要我也记录在墨水屏里。

但后来发现，手机虽不好，也不能永远不带手机。我做了两件事，一件是买了一个墨水屏手机当备用机，另外一件是把主用手机里的娱乐软件删掉，朋友圈也关闭了。手机里有诱惑，想抗拒就难，如果本来就没有诱惑，我还费什么力气去抗拒？想休闲，打开手机也没什么可玩的，还不如打开墨水屏设备，至少里面还放了几本超棒的推理小说。

慢慢地我就养成了用墨水屏阅读的习惯，一旦习惯建立，阻力就越来越小，这就是习惯的力量，不需要我们耗费心力。我身边不少同事很难理解我对墨水屏的执着，其实他们只是不知道我对自己的毅力没那么有信心，选择墨水屏的原因很简单，对我而言这是学习中阻力最小的工具。

当你在阅读这本书的时候，不用要求自己所有事情都立刻做到位，这等于在一开始就给自己竖立了一面高墙，不要试图通过施压逼迫自己行动起来；也不要完全照搬我所有的做法，可能对我而言阻力最小的路恰是你的荆棘坎坷之途。

花时间想想：如果要运用书中介绍的方法，怎样做阻力最小？

一开始选择主题时能不能选择一个自己特别感兴趣的话题，同时选择一个比较小的主题？

能不能自己创建一个"知行合一成长体系"的简化版本，

先去掉一些比较麻烦的操作，让自己一开始好启动？

这些思考值得花时间。

人生不易，没必要故意考验自己，如果可能，选择一条阻力最小的路。

构建更容易行动的环境

一颗优秀的杨树种子种在沙漠里很难长大。

想做成事情，不是有意愿、有能力就可以的，还需要有良好的"环境"。

当想做一件事的时候，你要花时间构思一下什么样的环境有利于自己做这件事情。通过巧妙的安排，我们想做的事情才更容易发生。

以家庭教育为例，如果想培养孩子的读书习惯，我们该怎么办？

大部分父母都关注孩子是否爱读书，不断灌输读书很重要的思想，但经常收效甚微。很多父母都忽略了一点：我们应该在家中营造一个适合读书的环境。父母如果愿意，可以对客厅进行改造，传统大沙发加电视的布局就不适合读书。可以尝试把客厅改造成书房，在网络上搜索一下会发现有非常多的改造案例。把大沙发和茶几的组合换成长长的书桌，把电视换成书柜，一家人在一起才更容易读点什么。而且家长还要注意：自己的行为也是孩子的环境。家长如果天天捧着手机在孩子面前晃来晃去，就不要怪孩子将来爱手机胜过爱书籍。孩子周围的父母用行动在告诉他们：手机比书本好玩多了。

我们想做一件事情的时候，记得营造一个适宜的环境，让一切更容易发生。

在工作中也可以应用这样的思路。如果想促进两个团队的交流，不要只从"人"的角度想方案，还可以想想环境。

工作中一个重要的沟通环境就是：工位布局。

尝试把需要交流的团队放在一起办公，座位临近，交流就更容易发生。如果两个团队在两个楼层，甚至在两栋楼里办公，这样的交流机会就少很多，要想促进交流就要多花很多精力。

想让自己实践得更顺利，尝试在"环境"上下点功夫。

这是一个容易被忽视，但屡次被证明很高效的方式。

用好"小胜"与复盘

失败不是成功之母，小胜才是。

学习一个新事物，做一件新事情，加入一个新公司，先不要想着惊天动地，一鸣惊人，踏踏实实地问自己：我第一个可以实现的"小胜利"是什么？

为什么是"小胜利"？

"小"意味着整体难度不高，实现可能性大，也不需要很长时间就能出效果，短期可达成，这样自己就能更好地坚持。坚持是枯燥的，甚至是苦涩的，但是在"小胜"的帮助下，你经常能品尝到"成功"的滋味，那是甜甜的味道。

第一个目标不能是"写一本书"，这个目标太大，要实现很难，中途就容易放弃。不如将第一个目标设定为完成一本书的卡片整理。第一本书的选择也有学问，建议不要选择难啃的大部头，而是选择一本内容好、文字易懂且相对比较薄的书。这样能更快完成第一个"小胜"，之后完成第二本的概率就会变大。

你可能会想：可是我需要"大胜利"呀？我更喜欢激动人心的目标，这该如何是好？

这时就要学会用巧妙的方式取得"大胜利"。你可以选择用"毅力"支持自己走向大胜利，你也可以用"小胜利"支持自己走向大胜利。我建议选择后者，要做的事情也非常简单，就是把大胜利拆分成小胜利。每个小胜利向前推进一点点，增强信心，获得新资源，以战养战，最终取得更大的胜利。

看看图 4-2 的两种模式，你觉得哪一个更容易坚持？

图 4-2 两种取得大胜利的模式

小星星就是小胜利，大星星是大胜利。捡起一个一个小星星，就更容易走到大星星所在的地方。到达大星星之前如果都是荒漠，想走过去就比较难。想想超级玛丽的游戏设计，不是到最后才出现一个超大的金币，而是每过一小段都会有金币，你一路走一路捡，不知不觉就到了一个关卡的最后。这种聪明的设计可以应用在游戏中，也可以应用在你的生活中。

学会设计胜利，就是要学会设计里程碑。

把整件事情拆分成几个大的里程碑，然后将每个大的里程碑拆分成若干个小的里程碑。

小胜是一个小里程碑，大胜是一个大里程碑。

走完几个小里程碑就能走到一个大里程碑。小里程碑的达成自然会推动大里程碑的实现。

读完这本书之后，自己尝试去做一些实践，实践中给自己设定好里程碑。最开始的里程碑要更小一些，可称之为小小里程碑，就好像游戏中的新手任务一样，你能快速完成，到达小里程碑，比如"写出第一张知识卡片"就可以成为一个小小里程碑。（见图4-3）

图4-3　从小小里程碑到大里程碑

如果一个任务能被你拆分成图 4-3 的模式，你会慢慢成为一个推进事情的高手。

再配合上阻力最小原则，你就是顶着硬币向前奔跑的超级玛丽。

你可以尝试用 Excel 表格或其他软件把自己的里程碑一个一个写下来，为自己的目标创建一个"进度条"。

追求小胜，但不要速成。小胜都达成，大胜就不远了。

当然，在给自己奖励的同时，也要记得及时进行复盘。复盘这个词往往用于团队管理，其实也可以引入个人生活。前文提到了用"里程碑"管理我们的进程，我们可以在每个里程碑达成的时候做两件事。一件是庆祝，享受自己的成就。另外一件就是复盘，花时间对实现里程碑的过程进行分析，找到可以优化的地方。

做而不思，视为假做；思而不写，视为假思。

复盘中形成的经验不要只放在脑子里，要用文字写下来。其中一个重要的做法就是修改之前写过的"文章"。根据实践中获得的经验对之前整理的内容进行修订，这个文字修订工作其实就是思考升级的过程。

如何通过"助人"来"利己"

李开复曾经说过："想象有两个世界，一个世界中有你，一个世界中没有你，让两者的 difference（不同点）最大，那就是你一生的意义。"

你能影响的人越多，你的价值越大。帮助别人，就是在帮助自己。在这方面不要小气。

当我把"知行合一成长体系"分享给大家，我的生活不会变得更差，反而变得更好。我有机会重新审视自己的内容，整理书稿就是一次自我提升；我得到了很多人的反馈，这些宝贵的意见让我发现了很多被自己忽略的点。因为要给大家分享，我自己进一步加深了对"知行合一成长体系"的理解。而且，我还收获了一群可以交流的伙伴。美好，大致就是这种模样吧。

与他人分享的好处

当你有能力影响更多人，你的价值就在变大，你就更能找到人生的意义。

因为现实需要，我们启动了主题式学习，然后写出大量的卡片，并对这些卡片进行分类管理。接着，我们开始整理这个主题的认知体系，开始写系列文章。然后我们进行个人实践，不断进行修订。

关于这个主题，我们现在有了宝贵的总结，是时候考虑同他人分享了。

不要过于吝啬，要敢于分享，喜欢分享。通过分享，你能学到很多。分享能带来信息交换，会打开你的信息渠道，让你有机会更好地完善之前整理的内容。把自己整理的所有内容都捂住，盖上被子，知识就不透气，时间一长可能就发霉了。

分享本身就是一种学习。当然，不敢分享还有另外一种可能：你觉得自己的内容还不够好，分享出来怕丢脸。

首先，丢脸是一件太过正常的事情。真实情况更有可能是你犯了错，但并不怎么丢脸。人人都会犯错，但丢脸往往只是自己的一种感觉。丢脸是自己在犯错基础上人为添加的心理包袱，生活本来就不容易，不用给自己背上这种包袱。只要接受自己会犯错，知道犯错是学习必然的组成部分，就能慢慢摆脱丢脸这种情绪。不要觉得在大家面前犯错就很丢脸，大家就是看到你犯了一个错，可能都没怎么看你的"脸"，我们哪有那么重要。打个比方，小孩子走路跌跌撞撞，会摔倒，小孩子不觉得这是丢脸，反而更容易慢慢爬起来，就在跌跌撞撞中学会了走路。在小孩的眼里，摔倒就是摔倒，跟丢脸是两回事，只要自己不这么想，摔倒就不会变成丢脸。我们要向尝试走路的孩子学习，我可以在众人面前跌倒，但这没什么丢脸的。热搜都维持不了几天，你的一个错误凭什么让人家铭记终生。不要莫名其妙给自己加戏，犯错不等于丢脸，自己加戏，犯错才变成丢脸。

其次，谁都会犯错，这没有什么了不起的，而且从成长角度看，你需要犯错，试错本身就是一种重要的学习形式。越不担心犯错，才越有机会尝试，不然就会畏首畏尾。什么都不做，犯错是少了，但实践也少了，反而耽误了自己。如果真犯了错，就勇敢承认，知错就改，别人不会因此就低看你。上学的时候那些所谓的好学生必须所有试卷都答满分？显然不是。

美国东部时间 2021 年 5 月 1 日下午，"股神"巴菲特和97 岁的公司副董事长查理·芒格召开了股东大会。现场有人问：为什么去年伯克希尔要卖出苹果的股票？巴菲特先是表扬了一下苹果公司和库克的管理能力，然后他扭头问旁边的芒格："查理，你觉得我们去年卖出部分苹果股票做错了吗？"

芒格回答说："确实错了。"

然后巴菲特扭过头来对大家说："你看，有些时候我会在查理的眼皮底下偷偷做一些操作，但这些操作在他看来都是错的。"

犯了错，公开承认错误，这算什么呢，跟丢脸没什么关系。

如何分享知识

树立了良好的心态，我们就可以学习具体的做法，在正式分享之前可先学会"模拟分享"。

这里就要重提一下费曼学习法。其实这个方法跟费曼先生关系不大，是后人起的名字，但操作是有价值的，总共分为四步：

第一，选择一个概念。

第二，尝试用别人能听懂的语言解释这个概念。

第三，对解释不清的地方进行调整。

第四，回顾和精简内容，形成最终的讲解版本。

我们未必非要挑一个具体的概念，我们可以介绍一件事、一个操作方法。在正式给其他人分享之前，尝试自己提前模拟教学几遍，你的分享会变得更加完善。在第二步，你可以尝试把自己的讲解过程录下来，然后自己作为旁听者听一遍，这样更容易发现问题。

如果建立了敢于分享、愿意分享的心态，接下来就可以选择合适的分享形式。可以用于分享的形式有很多。同时，因为之前我们输出了系列文章，现在非常容易制作出不同类型的内容进行分享。

第一种方式，我们可以用文章进行分享，在分享前可以利用前面提到的写作方法把文字升级一下，让文字变得易读、易懂、精彩。这些文章就成为我们的虚拟化身，它们会替我们去传播知识和想法。你可以把文章发在公众号、知乎、简书上，也可以把文章私下发给身边的人。公开分享和私下分享都可以。

第二种方式，用视频课进行分享。在文章的基础上，我们可以尝试制作一些PPT，购买一个好一点的麦克风，学一些视频录制和剪辑的技巧，然后就可以开始我们的录课之旅。因为之前写了文章，即使口才没有那么好，你也可以更好地整理出逐字稿，让自己录课时表达更加流利。即使你的视频课暂时没有什么分享渠道，也可以尝试去录一些，录制本身就是一次非常好的自主学习。但还是要提醒一点，视频录制完成后要修改难度会比较大，在录制前应该先把文章整理得更通顺，毕竟修改文字要容易很多。也就是说，先进行文章迭代，再做PPT录制课程。

第三种方式，用直播进行分享。使用这个方式对口才有一定的要求，我们应该学习一些授课的技巧，让自己的直播变得更有意思，更吸引人。一开始不要在意一场直播有多少人听，要更在意这些人是不是愿意一直听下去，大家是不是在直播中获益了。如果一开始没有太多机会做直播分享，那就先多录制视频，尝试在一些视频网站上发布一下，这样也能得到反馈，积累到一定程度，就有机会做直播。因为之前制作过大量的视频课，你在镜头前就不会感到不自然，也更容易把直播内容讲好。

第四种方式，用线下讲座进行分享。这种分享没有直播的覆盖面大，但是人与人之间能产生互动。在现场，你能看到真实观众的真实反应，你和观众之间能建立一种紧密的联系，你的存在感会更强，成就感满满。不要在意是不是能够收费，通过这样的方式，你自己会有极大提升，你会发现你的口才真正变得更好了，这是看多少口才书都达不到的效果。还记得前文说的吗？帮助别人，就是在帮助自己。

第五种形式，通过写书来分享。这个难度最大，但是一旦完成，看到自己出版的书，成就感爆棚。

当然不是每个人都有机会出书，也不必过于在意"出版"，将思路打开一些。试想一下，如果你能整理一本关于如何管理团队的书，你的团队管理思路自然也能得到提升。而且写书对体系性要求很高，在这个过程中，你的管理也会变得越来越有体系，这个收获不取决于书是否出版，最关键的是书有没有写出来，有没有写好。

用好这五种分享方式，你就有机会影响更多人，成为一个更有价值的人、更被别人需要的人。

在工作中影响他人

管理者的一个重要本领就是能够影响他人。

管理者需要通过他人来完成工作，而不是只能靠自己冲，自己打。运用所学更好地影响他人，我们的管理工作就能开展得更加顺利，在管理中我们就能更好地"搭团队、带团队、拿结果"。所以，当我们在实践模块需要完成"影响他人"这个要求时，我们可以尝试去影响自己的团队，这会让你快速成长为一个优秀的管理者。

在实践模块中，我们很多重要的实践都可以在团队中进行。这条要谨记。

为此，在实践"知行合一成长体系"时，我们要着重整理"团队管理"和"业务管理"两方面的知识。如果我们把团队怎么管理、业务怎么管理写成了系列文章，整体工作思路就会变得更加清晰。

一方面我们可以用自己总结的方式去带这个团队，实现知行合一，你想到的事情自己先做到，给团队打好样。另外一方面，我们还要把相关知识传授给团队，让团队在工作的过程中同步变强，实现"做事"和"提升"互相促进的正循环。

这个正循环一旦运转起来，你的团队就拥有了自己的"小飞轮"。你的管理能力升级了，团队做事更顺畅；同时你还培训大家，帮助大家提升，他们的做事能力也会更强，你的管理难度会降低。在做事的过程中，大家又可以进一步提升对工作思路的理解。一举多得。

这个过程中有几个要点要着重提醒一下。

第一，如果有可能，带领团队一起整理有关管理思路和业务思路的文章。

要做好团队的老大，你自己肯定要整理管理和业务两方面的文章，通过这样的方式梳理思路。同时，你还需要整个团队形成共识。

想达成共识，我们要转变一下思路。

在团队管理中，"讨论"比"宣讲"更容易达成共识。

如果团队参与不到讨论中，只是听你自己讲，共识达成就会更困难，你需要花费大量精力去说服。我们要学会拉着团队一起讨论，团队的想法在讨论中就能表达出来，最后的结论融合了大家的想法，每个人都是结论的一部分，自然会产生认同感。然后把讨论结果书写出来，讨论完成其实共识也就达成了，最终写出的文章是具体的共识内容。

讨论是把不同意见放在结论确定之前解决。

宣讲则需要在结论确定后搞定不同意见。

顺序不同，难度不同。

工作中很多事情都可以用这样的方式来优化。举个例子，一个团队难免要开很多会议，可以带领团队一起学习，一起看书，一起讨论，一起整理，进而写出团队要开的五种会议，并说明每种会议如何开。这样团队开会的效率会提升很多，而且大家对于团队如何开会有深度的共识。很多团队一直在开会，却不愿意花时间研究如何让开会变得高效。

第二，管理者做好及时分享，让重要信息传达清楚。

不要让团队猜测你的想法。

不要让团队猜测你的想法。

不要让团队猜测你的想法。

重要的事情说三遍。

管理者要把自己的管理思路和业务思路及时传达给自己的团队。传达前管理者要利用"知行合一成长体系"做好总结，并利用各种方式传达下去。系列文章整理得越清楚，表达的内容就越精确，团队就越懂你的想法，才知道如何配合你。

优秀的团队不要互相猜，而是在精准信息指导下进行紧密的配合。

第三，带领团队把复盘经验写下来。

复盘不但对于个人成长有用，对于团队成长也价值巨大。管理者在重要事情结束后要带领团队做复盘讨论，回顾之前的预期是什么，过程中发生了什么，哪些与预期相符、哪些与预期不符，原因是什么，后续如何改进。把这些复盘清楚，一个团队就拥有了强大的进化能力。做完事情后，能进行复盘，复盘后能变强，这样的团队是可怕的团队。

复盘形成的经验一定要写下来。

写下来的复盘比口头复盘明确，大家能准确得到复盘的结果，减少信息差，这也是非常重要的工作。

第四，让团队把最佳实践写下来，加速内部共享。

让团队养成总结最佳实践的习惯，把总结内容写下来，这些内容都是团队宝贵的财富。做好这些事情，团队的知识管理就能做强。

一方面通过书写，提升各个团队的思考能力，避免大家只闷头做事，思考太少。

另外一方面能加速团队中的信息共享，让优秀经验迅速流动起来，一个人的经验能快速变成整个团队的经验。

这样做还有一个优点就是团队的培训会非常好做。大量的内容积累让制作培训内容变得非常容易，而且这些培训来源于实战，要比那些纯理论更有用。团队如果来了新人，通过阅读这些文章，能迅速了解这个团队，这样就能更快融入。

为什么用文字来记录？

因为实际工作中的经验很难一成不变，要不断升级，不断更新，文字版本的经验要比视频版本的经验容易修改。

如果利用在线文档来共享，大家还可以联合创作，几个人可以联合写一个文档，几个人一起录一个视频反而要麻烦很多。

　　　　　　　　　　　　　　　　学习学习

在线文档分享的便捷性也更高，转到群里大家马上就能查阅。在线文档更新后，所有人看到的都是更新后的经验。

如果你不是一名管理者，你也可以在工作中影响他人。

一个重要的方式就是要学会向上管理。

工作中传统的思维都是"向上服务，向下管理"。其实还有一种不同的做法是"向上管理，向下服务"。

我强烈建议做一次"向上管理"的主题式学习。在学习向上管理时，你能学到很多实用的方法，让你更好地跟上级管理者相处。

对于在职场中打拼的人来说，向上管理的能力非常重要，很多人都忽视了这方面的学习，只是凭着感觉来。有的人过于卑躬屈膝，言听计从，一开始可能有些效果，时间一长，自己就没有了主见，决策能力就会下降，只动手，不动脑，反而不容易承担更大的责任。更何况领导者也会更替，你学会对一个领导谄媚，不代表你可以服务好新上任的管理者。有的人正相反，过于固执己见，不理解上级管理者的意图，在执行中又不及时沟通，甚至拒绝沟通，这样也会产生关系裂痕，对工作进展产生不良的影响。

既然绝大部分人在工作中都有"上级"，为什么不做一些这方面的主题式学习呢？慢慢整理出自己的向上管理之道。写出来，向上管理的思路就会变得清晰，在实践中运用自己整理的方法影响自己的上级，这对于工作的开展会十分有利。既不失去自我，又能做到上下一致。

介绍一个我自己之前学过的向上管理的办法：提问。很多人在工作中都习惯于"上级提问，自己回答"，但是我们在必要时可以反过来操作。举个例子，如果上级给你布置了一项重要工作，不要只是回答："知道了，我现在就去执行。"可以尝试问一些问题：在这件事中，对你来说最重要的是要解决什么问题？你最担心发生什么情况？过程中你觉得哪些决策最令人担心，最需要把关？

提问的内容根据事情不同会有变化。通过这些提问，我们能更好地了解上级的预期，什么事情需要防范，哪些内容需要汇报请示。这些对于开展任务来说都是重要信息，提问可以帮助我们得到答案。

通过主题式学习，你对"向上管理"就能掌握更多，这样在实践应用环节就有机会更好地影响他人。

当你想影响他人时，不要忘记"向上管理"。

在生活中影响他人

不要只是研究自己的工作，也要研究一下自己的家庭生活。

如何跟自己的爱人相处，如何跟自己的父母相处，这些值得我们花费一些精力。大家在成为丈夫、妻子之前也没有什么这方面的经验，如果能快速学习一下，就能极大改善生活质量。

关系对一个人的幸福有着重要的影响，不可小觑。

我们平时的主题式学习最好加入一些如何做夫妻沟通、如何经营爱情、如何跟父母沟通、如何孝顺父母的相关内容。我们要在工作之外抽出时间，走一遍"知行合一成长体系"的流程，并写出自己要如何经营家庭、跟父母相处的系列文章，写这些文章时要充分考虑到自身的情况。如果把文章写出来，你对家庭生活的理解就上了一级台阶。

好多人一生中都没有这样的经历。

他们随意过着自己的人生，接受着随机而来的结果。

幸福这种事情怎么能交给随机，任凭概率玩弄我们的人生？我们要主动出击，把幸福的方向盘握在自己的手里。

整理好内容后，我们自己要进行实践，让对方感受到我们的变化，当我们先迈出改变的步伐，更多改变才更容易发生。

同时还要加大夫妻之间沟通的频率，沟通不只是进行日常聊天，还可以一起探讨一下如何经营这个家庭，在重要思路上慢慢达成共识。我们说一个团队需要共识，其实你的家庭更需要共识。有了共识的家庭在重大问题上才不容易产生根本性的分歧，一家人才能抵抗风雨。

如果我们能做到工作和家庭都幸福，这是多美的一件事。

与父母的相处也是如此，当我们整理得更好，我们就能及时把该做的事情做到，不给自己未来的人生留下遗憾。不要出现"子欲养而亲不在"的局面。

亲子互动是一门学问。

好多人特别重视孩子教育，但在这方面却不愿意花时间思考，这是个很有意思的现象。重视教育异化成了重视"竞争"，别人做什么我也要做，还要做得更好，不能落下，不能输在起跑线上，不能排名靠后。父母很累，孩子很累。当时可能出了一些成绩，后来一看，孩子除了成绩，没什么能力。这么辛苦培养的孩子将来在社会上真的能有作为吗？

在教育中到底什么最重要？到底应该用什么样的方式来培养孩子？英语到底该怎么学？数学怎么学才真有用？孩子的性格如何塑造？孩子的乐观如何培养？短期成绩提升和长期能力培养如何平衡？这些话题难道不值得做几次主题式学习吗？

天天在做的事情，为什么不研究一下？

想培养好孩子，先学会做一个好父母，自己学习起来，然后按照"知行合一成长体系"把最后的思路整理成系列文章，到此时你才真正明白要如何培养自己的孩子。既不是简单地说我要鸡娃，也不是不屑地说我就要走佛系路线。谁说只有这两条路可以走？不要把人生变成只有这两种极端的选择题。

以英语学习为例，其实对于小孩来说，"用英语学东西"

往往要比"学英语"更有效。如果你没做这方面的研究，只是花大笔钱让孩子学英语，他也会有进步，但是速度不会特别快。那些英语特别好的孩子，大部分都不是学英语学出来的，他们更多的时间都是在用英语学东西，用英语去交流，用英语听别人讲事情。当你的思路变得更加清晰，你的培养方式就会产生变化，钱就能花在刀刃上。

亲子沟通也是一样的道理。很多家长不做这方面的研究，在亲子沟通中经常用错误的方式，家长还不自知，不自知就无法改正，恶性循环就产生了。

错误的沟通导致孩子表现不好，孩子表现不好，家长着急，于是用更加错误的方式沟通，导致孩子表现更差，随着孩子年龄的增长，亲子关系都会出问题。

因为工作性质的缘故，我有机会接触非常多的家长，经常听到很多人说："你怎么这么笨?!""懒得跟你说。""我都跟你说过多少遍了，怎么还不会?!"这样的话说多了，你就在帮助孩子塑造错误的认知，孩子慢慢会接受自己笨、不如人家的现实，而且还会认为自己天生如此，无法改变。一旦孩子形成这种认知，后续花好多年都改变不了。这个时候孩子不爱学习只是一个结果，已经不是原因本身。

还有一些家长不同，非常喜欢自己的孩子，经常夸赞自己的孩子，觉得这样就能创造良好的沟通。其实夸赞并不一定能带来好的结果，研究一下积极心理学、成长思维等内容就会发现，有些夸赞反而容易导致孩子畏难。拼命夸孩子聪明，会导致孩子不愿意接受高难度挑战，他们不想让你觉得自己不聪明，这反而影响了孩子的学习。

家长如果多学习一下，就亲子沟通的话题走一遍"知行合一成长体系"的几个步骤，就能升级认知，采取一些不同的沟通策略。

全书要点总结

第一部分：整体思想

一、知行合一是快速成长的心法

1. 知之真切笃实处即是行，行之明觉精察处即是知。

2. 知行不能分家。知行分离，成长效率会变低。

3. 做到知行合一，才能快速变强。

二、写做合一是快速成长的方法

1. 用"写做合一"来落实"知行合一"的思路。想了要写，写了要做，做时要写，写写做做，做做写写。

2. 写作就是思考本身。把思考的内容写出来，我们才会更加深入、全面、认真地进行思考。

第二部分：知行合一成长体系

一、知行合一成长体系

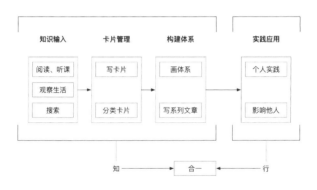

图附-1　知行合一成长体系

1. 知行合一成长体系分为四大模块，分别是"知识输入、卡片管理、构建体系和实践应用。

2. 四个模块需要联动使用才能发挥最佳效果。想提升能力要做到四合一，这样才是真正的知行合一。

3. 四大模块不一定非要按顺序进行，可以根据情况，多个模块并行开展，相互影响。

二、知识输入模块

1. 输出的背后往往是输入的问题。每次输出不好，就查查自己"输入"的问题。

2. 三种常用的输入渠道分别是阅读与听课、观察生活、搜索。平时要多观察自己是不是充分利用了这三个渠道。阅读与听课能帮助我们快速吸收别人的知识总结，观察生活可以让我们从真实世界获得经验，搜索可以让整个互联网为我们所用。

3. 在知识输入环节还要关注自己使用的几个策略，分别是高质量策略、多样性策略、速读策略和主题式学习策略。

4. 要多输入高质量的内容，多读优秀的内容，少读质量较差的内容。

坚持高质原则，要同时把关信息源和内容。首先要学会排除差的信息源，其次在好的信息源里多选择优质内容，即价值大且知识浓度高的内容。

（1）学会使用"内容价值评分表"

（2）评价知识浓度可以用"可形成卡片数"。

5. 知识输入还要坚持"多样原则"，保持信息的多元性。

方法 1：看不同门类的知识。

方法 2：一个主题多看一些视角。

方法 3：通过搜索来补充其他材料和观点。

除了以上三个方法，还要小心算法推荐。

6. 提升个人的速读能力。

方法 1：空白卡片法。用一张白色卡片把读过的内容遮挡住，留下要读的内容，然后一行一行向下移动，随着移动速度加快，个人的阅读速度就能提升。

方法 2：意群阅读法。要训练自己一块一块地读，而不是一个字一个字地读。

方法 3：关键词跳读法。不用完整的句子来理解所有信息，而是利用关键词。阅读的视线要跳跃起来，略过句子中的部分意群，通过这样的方式实现阅读速度的提升。

7. 要学会进行"主题式学习"。

第一个环节：分析实际需要。看看自己在生活和工作中近期要解决什么问题，找到实际需要是我们做主题式学习的第一步。

第二个环节：确定主题。从实际需要出发，选择跟实际需要完全符合的主题进行学习，这样一上来就能打通学习和实际应用的关系，更方便去落实"知行合一"。

第三个环节：确定内容列表。这个列表要保障渠道多元、内容多样、内容高质，并通过搜索及时补充。

第四个环节：边学边写。

在主题式学习的过程中坚持使用"整合思维"。

- 相信事物是多面体，我们要看到事物不同的侧面。
- 我们不是在不同观点中做选择题，而是要通过整合分析，综合思考得出全面的看法。
- 我们的头脑中要能兼容矛盾的观点，这些观点可以同时存在，而我们依然可以正常思考。

8.学会观察生活。

（1）学会使用提炼案例法：观察生活中的真实事件，进行分析，并书写出案例卡片。

（2）学会使用反馈分析法：写下判断，并在未来将真实的结果与之前的判断进行对比。

（3）学会使用好坏对比分析法：要对比做同样一件事，优秀者和普通者的行为差异，这个差异往往才是关键行为所在，这些关键行为才是我们要学习的精髓。

9.通过搜索，快速获取知识。

搜商是通过搜索获取知识和解决问题的能力。要想提高搜商，第一步不是练习搜索，而是培养遇事先搜索的习惯。

（1）搜索的发起：读书和听课时，学会记录关键词，利用关键词发起搜索。要养成随读随搜的好习惯。

要有四个搜索意识：要学会故意去搜索反例；看到一些观

点或者看法，要学会主动去搜索相关的证据；看到一个观点或一个事件，要学会主动搜索更多人的看法；通过搜索寻找一手信息，摆脱二手、三手甚至四手信息。

（2）在哪里搜索：用搜索引擎寻找专业网站，然后在专业网站里搜索信息。

（3）怎么搜：更好地使用关键词来进行搜索；使用一些搜索规则来优化结果。

三、卡片管理模块

1. 卡片管理是升级知识管理的方式。卡片管理的核心动作有两个：写卡片和分类卡片。写卡片是采集知识，分类卡片是管理知识。

2. 写卡片的一些要点：

（1）书写"知识卡片"，而不是做"摘要笔记"。

（2）阅读时获得灵感要马上写。

（3）要想着知识卡片是写给别人看，而不是给自己看。

3. 知识卡片的双区结构：一个好的知识卡片会被划分为两个区域。上半区是自己书写的内容，用给别人讲解的角度来写，下半区写上原文和出处。

4. 常用的卡片主要分为三类：观点卡、案例卡和方法卡。

5. 卡片命名分为两个部分：卡片类型＋卡片核心内容。卡片的命名要方便分类和检索，命名写全一些。

6.学会及时分类整理卡片。

第一阶段：以书籍或课程等为单位整理卡片。

第二阶段：以个人划分的分类来整理卡片。有一点整理一点，不要积攒过多卡片才开始整理。

（1）花时间把一级文件夹确定下来。一级文件夹就代表我们想过的人生。

（2）把各类卡片放到一级文件夹之下。在这个过程中，我们会在一级文件夹下面慢慢建立出更多的二级、三级文件夹。

四、构建体系模块

1.构建体系这个模块最核心的是要完成两件事：画体系和写系列文章。同时要学会改进自己文章的观点和表述方式。

2.边回顾卡片，边画体系图，画完体系图要学会书写文章，写文章时注意自己观点的价值高不高，讲述方式是否足够好。

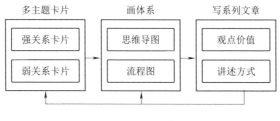

图附 -2　构建体系

3.学会使用思维导图或流程图构建体系。

（1）不要用单一模型理解这个世界。一个体系往往是多种模型的综合，而且你的人生还需要多个体系。

（2）你的人生不能追着别人的体系跑，要尝试建立自己的体系。

（3）第一种体系是"思维导图"结构。这是一种金字塔结构，本质上是分类逻辑。

（4）第二种体系是"流程图"结构。特别要关注系统思考，学会画更复杂的因果循环图，梳理好各元素及其关系。

（5）体系是一点点修改出来的，不要指望自己能一次性全画好。

4.写系列文章首先要关注"观点价值"。

（1）尽量摒除陈词滥调。学会使用"陈词滥调评估表"。

（2）尽量选择正确又与众不同的观点，对于正确但常规的观点要进行深挖，将其转变为正确又与常规观点不同的内容。

（3）挖掘好的观点有以下一些办法：换个角度，深挖本质，正向和反向思考，改变讨论范围，系统思考，在现实中有用且能用，帮他人做出更好的决策。

5.写系列文章时要关注讲述方式，尽量让讲述易读、易懂。

（1）学会三种让文章易读的方法：精简内容、多用短句、多分段。

（2）掌握让内容好懂的七种武器：用通俗的语言、举例子、做类比、用图示、讲故事、用旧知识、讲清楚为什么。

五、实践应用模块

实践应用模块有两大应用方向：个人实践和影响他人。

1. 个人实践要学会应用阻力最小原则。

2. 个人实践还要学会"构建环境"。

3. 个人实践中还强调要学会"设计小胜"。

4. 个人实践不能一味傻做，还要及时进行复盘。

5. 要学会影响他人，明白帮助他人就是在帮助自己。可以通过以下几个方式去影响他人。

（1）要敢于向他人分享，愿意向他人分享。五种常见的分享方式是写文章、录视频课、直播、办线下讲座和写书。

（2）要在团队管理中应用所学，更好地影响团队。

（3）要学会"向上管理"，让自己能更好地影响上级。

（4）要花时间研究家庭生活，更好地影响家人，包括爱人和父母。

（5）要花时间研究家庭教育，更好地影响自己的孩子。